中华复兴之光
神奇建筑之美

亭楼风雅古韵

胡元斌 主编

汕头大学出版社

图书在版编目（CIP）数据

亭楼风雅古韵 / 胡元斌主编. -- 汕头 ：汕头大学
出版社，2017.1（2023.8重印）
（神奇建筑之美）
ISBN 978-7-5658-2896-6

Ⅰ．①亭… Ⅱ．①胡… Ⅲ．①亭－介绍－中国②楼阁
－介绍－中国 Ⅳ．①K928.74

中国版本图书馆CIP数据核字(2016)第325477号

亭楼风雅古韵　　　　　　　　TINGLOUFENGYAGUYUN

主　　编：胡元斌
责任编辑：宋倩倩
责任技编：黄东生
封面设计：大华文苑
出版发行：汕头大学出版社
　　　　　广东省汕头市大学路243号汕头大学校园内　邮政编码：515063
电　　话：0754-82904613
印　　刷：三河市嵩川印刷有限公司
开　　本：690mm×960mm 1/16
印　　张：8
字　　数：98千字
版　　次：2017年1月第1版
印　　次：2023年8月第4次印刷
定　　价：39.80元
ISBN 978-7-5658-2896-6

前 言

党的十八大报告指出："把生态文明建设放在突出地位，融入经济建设、政治建设、文化建设、社会建设各方面和全过程，努力建设美丽中国，实现中华民族永续发展。"

可见，美丽中国，是环境之美、时代之美、生活之美、社会之美、百姓之美的总和。生态文明与美丽中国紧密相连，建设美丽中国，其核心就是要按照生态文明要求，通过生态、经济、政治、文化以及社会建设，实现生态良好、经济繁荣、政治和谐以及人民幸福。

悠久的中华文明历史，从来就蕴含着深刻的发展智慧，其中一个重要特征就是强调人与自然的和谐统一，就是把我们人类看作自然世界的和谐组成部分。在新的时期，我们提出尊重自然、顺应自然、保护自然，这是对中华文明的大力弘扬，我们要用勤劳智慧的双手建设美丽中国，实现我们民族永续发展的中国梦想。

因此，美丽中国不仅表现在江山如此多娇方面，更表现在丰富的大美文化内涵方面。中华大地孕育了中华文化，中华文化是中华大地之魂，二者完美地结合，铸就了真正的美丽中国。中华文化源远流长，滚滚黄河、滔滔长江，是最直接的源头。这两大文化浪涛经过千百年冲刷洗礼和不断交流、融合以及沉淀，最终形成了求同存异、兼收并蓄的最辉煌最灿烂的中华文明。

五千年来，薪火相传，一脉相承，伟大的中华文化是世界上唯一绵延不绝而从没中断的古老文化，并始终充满了生机与活力，其根本的原因在于具有强大的包容性和广博性，并充分展现了顽强的生命力和神奇的文化奇观。中华文化的力量，已经深深熔铸到我们的生命力、创造力和凝聚力中，是我们民族的基因。中华民族的精神，也已深深植根于绵延数千年的优秀文化传统之中，是我们的根和魂。

　　中国文化博大精深，是中华各族人民五千年来创造、传承下来的物质文明和精神文明的总和，其内容包罗万象，浩若星汉，具有很强文化纵深，蕴含丰富宝藏。传承和弘扬优秀民族文化传统，保护民族文化遗产，建设更加优秀的新的中华文化，这是建设美丽中国的根本。

　　总之，要建设美丽的中国，实现中华文化伟大复兴，首先要站在传统文化前沿，薪火相传，一脉相承，宏扬和发展五千年来优秀的、光明的、先进的、科学的、文明的和自豪的文化，融合古今中外一切文化精华，构建具有中国特色的现代民族文化，向世界和未来展示中华民族的文化力量、文化价值与文化风采，让美丽中国更加辉煌出彩。

　　为此，在有关部门和专家指导下，我们收集整理了大量古今资料和最新研究成果，特别编撰了本套大型丛书。主要包括万里锦绣河山、悠久文明历史、独特地域风采、深厚建筑古蕴、名胜古迹奇观、珍贵物宝天华、博大精深汉语、千秋辉煌美术、绝美歌舞戏剧、淳朴民风习俗等，充分显示了美丽中国的中华民族厚重文化底蕴和强大民族凝聚力，具有极强系统性、广博性和规模性。

　　本套丛书唯美展现，美不胜收，语言通俗，图文并茂，形象直观，古风古雅，具有很强可读性、欣赏性和知识性，能够让广大读者全面感受到美丽中国丰富内涵的方方面面，能够增强民族自尊心和文化自豪感，并能很好继承和弘扬中华文化，创造未来中国特色的先进民族文化，引领中华民族走向伟大复兴，实现建设美丽中国的伟大梦想。

目 录

济南历下亭

　　历下亭巍立于山东济南大明湖中最大的湖中岛上，岛面积约4160平方米，整个岛上绿柳环合，花木扶疏，亭台轩廊错落有致，修竹芳卉点缀其间，为古时历城八景之一。

　　历下亭原名"客亭"，原位于济南五龙潭处，至唐代迁至大明湖，因其南临历山，即千佛山，故名"历下亭"，也称"古历亭"。后来，历下亭因唐代诗人杜甫登临而名扬天下，成为济南名亭之一，为名闻遐迩的海右古亭。

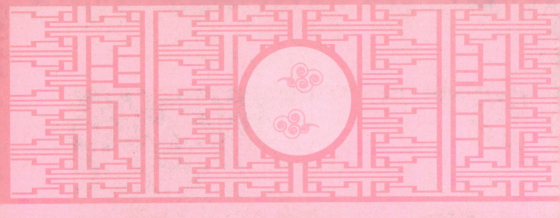

因诗而扬名的历下亭

在北魏时期，在山东济南五龙潭处有一亭，称"客亭"，是官府为接迎宾客而建造的。后来，在745年，齐州司马李之芳将历下亭迁至大明湖水域，改名"历下亭"。

恰这时，在齐鲁漫游的杜甫从兖州、泰山一带北上来到了济南。

杜甫来到济南，立刻成了李之芳的嘉宾。

杜甫来到济南的消息不胫而走，很快传至北海，即后来的山东益都。时任北海太守的李邕坐不住了，连日赶往济南与杜甫会面。

李邕到达济南后，立时在历下亭设摆宴席，宴请了杜甫和李之芳。当时李邕68岁，早已名满天下。而杜甫此时才是个33岁的后生。

李邕、杜甫、李之芳在座，可能还有许多齐州的知名人士出来作陪。李邕与杜甫把酒长谈，论诗论史，也谈及了杜甫的祖父杜审言，这让杜甫十分感激。在这次欢宴中，杜甫即席赋《陪李北海宴历下亭》诗一首：

东藩驻皂盖，北渚凌清河。

海右此亭古，济南名士多。

云山已发兴，玉佩仍当歌。

修竹不受署，交流空涌波。

蕴真惬所遇，落日将如何。

贵贱俱物役，从公难重过。

　　诗中第一句叙述李邕驻临济南，设宴历下亭，第二句说明了历下亭古老历史。当时方位以西为右，以东为左，济南在大海之西，故称"海右"。

　　因济南有过鲍叔牙、邹衍、伏生、房玄龄等大批历史名人，又因当时在场的有济南士绅蹇处士等人，因此称赞名士多。

　　而接下来诗句描述的是亭内外景物和宴饮的情趣，以及对日落将席散，盛情难在的感慨。李杜宴饮赋诗历下亭使这海右古亭从此声名远扬，而"海右此亭古，济南名士多"一联，千百年来更成了济南的

骄傲。清代文人龚易图曾撰有一则名联：

> 李北海亦豪哉，杯酒相邀，顿教历下此亭，千古入诗人歌咏；
>
> 杜少陵已往矣，湖山如旧，试问济南过客，有谁继名士风流？

此联可以形容李邕、杜甫等人那次历下亭雅集的诗风流韵。

至唐代末期，历下亭逐渐废圮。北宋时期又重建历下亭，重建的历下亭位置在大明湖南岸州衙宅后。

之后历下亭又几经兴废变迁，在明代末期，历下亭完全被毁了。但是从杜甫登临历下亭的那一刻起，历下亭已由单纯的亭子变成了一个意蕴丰富的文化符号，这也是历代文人如此看重历下亭的原因。

明代末期济南诗人刘敕的《历下亭》诗写道："不见此亭当日

古，却逢名士一时多。"概括出其间的深意。同样的明代诗人张鹤鸣在诗中也写道："海内名亭都不见，令人却忆少陵诗。"

这两首诗都显示出，历下亭虽然已经毁坏，但文人学士追忆昔日盛宴，遥想李、杜诗酒酬答，心中仍有难以泯灭的情结。

至1693年，山东盐运使李光祖和山东按察使喻成龙在大明湖中岛上重建历下亭。重建历下亭的工程刚刚竣工。清代著名小说家蒲松龄应山东按察使喻成龙的邀请来济南做客。

在喻成龙的盛情约请之下，蒲松龄作了《重建古历亭》一诗，诗中借古喻今，追忆了盛唐时期李邕、杜甫的历下亭盛会，表达了他对重建历下新亭的感慨。诗写道：

> 大明湖上一徘徊，两岸垂杨荫绿苔。
> 大雅不随芳草没，新亭仍旁碧柳开。

雨余水涨双堤远，风起荷香四面来。
遥羡当年贤太守，少陵佳宴得追陪。

　　至1694年，喻成龙授命任安徽巡抚，离开济南时，蒲松龄又作了《古历亭》诗相赠。蒲松龄抚今追昔，借用"白雪清风"和"青莲旧谱"之典故，对诗坛的振兴寄予了热切的厚望：

历亭湖水绕高城，胜地新开爽气生。
晓岸烟消孤殿出，夕阳霞照远波明。
谁知白雪清风渺，犹待青莲旧谱兴。
万事盛衰俱前数，百年佳迹两迁更。

新建的历下亭使蒲松龄振奋不已，赋诗言犹未尽，于是又以他那如椽的大笔洋洋洒洒写了千余言的长赋《古历亭赋》。该赋开篇一段写道：

任轩四望，俯瞰长渠；顺水一航，直通高殿。笼笼树色，近环薜荔之墙；泛泛溪津，遥接芙蓉之苑。入眶清冷，狎鸥与野鹭兼飞；聒耳呶嘈，禽语共蝉声相乱。金梭织绵，唼呷蒲藻之乡；桂楫张筵，客与芦荻之岸。蒹葭挹露，翠生波而将流；荷芰连天，香随风而不断。蝶迷春草，疑谢氏之池塘；竹荫花斋，类王家之庭院。

在这篇长赋中，蒲松龄对重建后的历下亭景色和亭上观赏到的湖

中美景作了逼真描绘，并追忆了历下亭"再衰再盛"的历史，赞颂喻成龙、李兴祖修复历下亭，重现了往日辉煌。

历下亭名声越来越广，后来乾隆皇帝下江南的时候，也来到了历下亭。

据说，济南最有名的历下亭酒还跟乾隆皇帝来历下亭有着千丝万缕的关系。

传说，济南很早就有酿酒历史，因为济南泉水好，所以酿的酒也十分香甜，可惜济南的佳酿一直也没个响亮的名字。

有一次，清代乾隆皇帝下江南，途径济南，在历下亭休息，济南府的大小官员都去觐见，并奉上没有命名的济南佳酿。

皇帝饮后龙颜大悦，连声说："好酒好酒，赛过皇家御品！"

乾隆皇帝询问官员："如此佳酿，叫何名字？"

众人不敢对答，因为这种酒还没有名字，可是大家也不敢告诉皇上这酒没名字，但是也不好胡乱编造名字糊弄皇上。于是只见一官员回禀："万岁，还请万岁给此酒赐名！"

于是，太监们备好笔墨，乾隆皇帝看亭题字，御笔亲题"历下亭"三个大字，从此这个酒便名为"历下亭"了，并且有诗为证：

飘香四溢泉城水，
皇家御品历下亭。

从此以后，历下亭便更是名扬天下。关于乾隆皇帝的游历下亭还有一个传说。

据说，当时历下亭周围景致非常美丽，湖中遍是荷花、芦苇，在这湖心小岛上品茗小憩，欣赏湖光水色有一种悠闲四溢的感觉。每到夏季，青蛙的鸣叫声不绝于耳，但是后来所有的青蛙都不叫了。

传说是因为当年乾隆来到岛上，听到青蛙的鸣叫声，心里特别烦躁，遂下圣旨让青蛙停止鸣叫，岛上青蛙似乎也畏惧龙言，从那以后再也不敢放肆鸣叫了。

知识点滴

据历史记载，在历下亭，李邕和杜甫还曾评论诗文，从"初唐四杰"谈至"文章四有"。

李邕佩服杨炯的诗文写得雄壮，不满意李峤的辞藻华美，称赞杜甫祖父杜审言的《和李大夫嗣真奉使存抚河东》声律和谐，气势不凡，是一首杰作。对杜甫的才学和理想给予了赞誉，并大加鼓励。

而杜甫对李邕的多才和耿直非常敬佩，两人通过交流友情更加深厚。因此他两人的事迹也传为佳话。

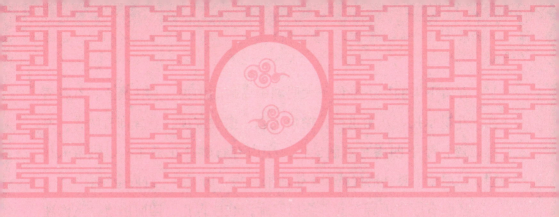

古韵犹存的名亭建筑

随着时间的推移，历下亭也渐渐破败了，至1859年云南布政使陈弼夫、云南藩司陈景亮和书法家何绍基一同再次重修了历下亭，这便是存留下来的历下亭了。

存留下来的历下亭位于大明湖中岛屿的中央，八柱矗立，红柱青瓦，斗拱承托，八角重檐，檐角飞翘，攒尖宝顶，亭脊饰有吻兽。亭身通透，亭下四周有木制坐栏，亭内有石雕莲花桌凳，以供游人休憩，二层檐下悬挂清代乾隆皇帝所书匾额"历下亭"红底金字。

亭西有厅堂面阔三间，绕以回廊，红柱青瓦，四面出厦，飞檐翘角。轩西为宽阔的湖面，若值晴空万里，则天蓝，水蓝，湖天一色，莹如碧玉，故名"蔚蓝轩"。

亭北有大厅五间，硬山出厦，花雕扇扉，称"名士轩"。名士轩是历代文人雅士宴集之地。"名士轩"三字匾额为清代末期书法家朱庆元书，轩前有楹联，写道：

<blockquote>
杨柳春风万方极乐，
芙蕖秋月一片大明。
</blockquote>

名士轩坐北朝南，五间房屋大小，屋顶匾额上的"名士轩"几个字却颇有讲究，仔细看来"名"和"士"两字分别多了一点。

这并不是笔误，而是1911年春朱庆元书写的时候故意为之，他是把美好的祝愿通过诙谐的书法表现出来，寓意是希望济南的名士多一点、再多一点。

轩内西壁嵌唐代天宝年间北海太守、大书法家李邕和大诗人杜甫的线描石刻画像，及自秦汉时期至清代末期祖籍济南的15位名士的石刻画像。

东壁嵌有清代诗人、书法家何绍基题写的《历下亭》诗碑，记述了他的好友陈弼夫重修历下亭的经过和他在山东看到的灾荒景况。

历下亭之南是大门，大门两侧是东西长廊。长廊东端是"临湖阁"，北墙嵌有1859年陈弼夫撰，何绍基书的《重修历下亭记》石碣。

长廊西端是"藕香品茗厅"，面阔三间，飞檐出厦。大门楹联是杜甫诗句：

海右此亭古，
济南名士多。

此联为何绍基手书，名人诗句、名人书法，荟萃成联，与历下古亭相得益彰，平添明湖俊色。关于何绍基手书这副对联，还有一个故事。

据说何绍基晚年，已是才名卓著，并且他为人谦逊，只一点不好，就是嗜酒，谁知就因这嗜酒，招来难堪。

那天傍晚，何绍基与好友汇聚大明湖，一番游览，遂至历下亭欢宴。当时秋风轻拂，四面莲荷映月，说不尽的诗情画意。

佳境美酒，众人畅饮，何绍基不久就醉了，酒多失态，竟放言：

"当今之世，若问诗家、书家，舍我其谁？"

好友们见何绍基醉了，便应道："何公文采飞扬，世人皆知，可谓不见古人。"

何绍基闻听大喜，起身离席，逐人而揖："承夸，承夸……"

谁知平白踩空，跌了个跟头，众人慌忙扶起何绍基，却见他腿不能立，显然伤得不轻。

何绍基回府后，逐渐清醒，从随从口中知自己酒后失言，真是惭愧万分，又因腿痛难忍，到了夜半方才睡着。在睡梦中，何绍基见到个一士子，头戴纶巾，自称杜甫，笑道："痛乎？"

接着又问："既见古人乎？"

何绍基大惊，猛然醒来，发现天已经亮了。他试着起身，竟然发现腿痛已经好了，好像不曾受伤一样。这时他又想起了昨夜的梦，大为诧异，暗想："昨日一跌，想是诗圣怪而警之。酒后失态，轻狂起祸，实乃自取其丑。"

　　何绍基懊悔不已，想起当年杜甫曾在历下亭作《陪李北海宴历下亭》诗，遂抽出"海右此亭古，济南名士多"句书丹成碑，命人精工嵌刻于历下亭亭前回廊。事后，何绍基亲自来到亭前焚香祭拜杜甫，并且把酒也戒了。

　　何绍基在历下亭书下杜甫的诗句后，感慨不已，留下一联：

　　　　　山左称有古历亭，坐览一带幽燕之盛；
　　　　　当今谁是名下士？不觉三叹感慨而兴。

　　在历下亭的门上悬有红底金字"海右古亭"匾一方。大门东侧有石碑横卧，上刻"历下亭"三字，是清代乾隆皇帝亲笔手书。

　　大门西侧有御碑亭，红柱青瓦，四方尖顶，与西游廊相连，亭内立有1748年乾隆皇帝撰书的《大明湖题》诗碑。

　　历下亭东南侧，有古柳一棵，枝干胸径约1米多，均已枯朽，却又枯木重生，于枝干外皮处萌生嫩枝，迎风拂动，别有情趣。

　　整个历下亭岛，亭台轩廊，错落有致，修竹芳卉，点缀其间。夏日翠柳笼烟，碧波轻舟；秋日金风送爽，荷花飘香，吸引着无数文人墨客登临，并留下笔墨。其中有一对联，写得十分优美：

　　　　　有鹤松皆古；
　　　　　无花地亦香。

　　这是一副姓名无考的对联，上联说历下亭鹤舞古松，环境古朴幽雅。下联说此地不需要以香花来增添芬芳，极言景色优美。

还有一副无名氏的长联，将历下亭写得如诗如画：

> 风雨送新凉，看一派柳浪竹烟，空翠染成摩诘画；
> 湖山开晚霁，爱十里红情绿意，泠香飞上浣花诗。

柳枝摇曳，翠竹含烟，雨幕中的景色多像王维的名画。而雨后的风光，红花更艳，绿树更绿，特别是在夕照中的历下亭好似五代诗人韦庄的诗一样动人。方萱年先生从动静两方面来写历下亭：

> 独上高楼，是山色湖光胜处；
> 谁家画舫，正清歌美酒良时。

作者独自登楼望远，千佛山山色、大明湖湖光，尽收眼底，这是静景。不知是谁坐船在湖中穿行，喝着美酒，听着清歌，呈现一幅流动的画面。联语高下相映，动静相对，将历下亭的美写得恰到好处。

历下亭中不仅对联美妙，还有许多诗词。清代著名诗人黄景仁在游历下亭后，写下了《游历下亭》：

城外青山城里湖，七桥风月一亭孤。

秋云拂镜荒蒲苂，水气销烟冷画图。

邑甫名游谁可继？颍杭胜迹未全输。

酒船只旁鸥边舣，携被重来兴有无？

无论是诗词还是对联，都为历下亭增色不少，使历下亭渐渐成为济南的一颗闪耀的明珠！

历下亭早在北魏时期地理学家郦道元来济南考察水系时，就曾被写道："其水北为大明湖，西即大明寺，寺东北两面侧湖，此水便成净池也。池上有客亭，左右楸桐负日，俯仰目对鱼鸟，极望水木明瑟，可谓濠梁之性，物我无违矣。"

文中的"客亭"便是指历下亭。后来，被郦道元称为"客亭"的无名小亭，因杜甫的登临而出名，成为一时名胜。

西安沉香亭

　　春秋战国是我国历史上的上古时期。夏商周既是逐次更替的朝代，又是交叉并存的部族集团，在政治上都是分封制，在经济上都是井田制，在王位继承上都是嫡长子继承制。它们是不可分割的，并且分别代表着我国奴隶制的形成、发展和结束。

　　夏朝的建立，标志着原始社会到奴隶制社会的历史转折基本完成；商朝的奴隶制已经达到鼎盛时期；春秋战国时期，奴隶制处在前所未有的变革之中。随着诸侯兼并的结束，华夏文明已经露出"大一统"的曙光。

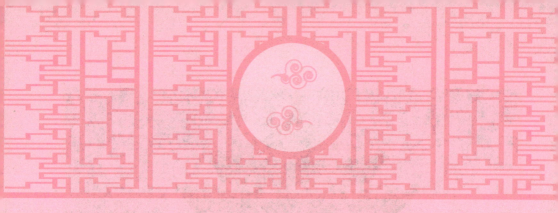

春风扶槛的沉香亭

701年，武则天将长安外廓东城春明门北侧隆庆坊赐与李隆基兄弟五人，当作他们的府邸，称"五王子宅"。

712年，李隆基登基，是为唐玄宗。人们为避其名讳而将他曾经居住的长安城东门春明门内的隆庆坊改名"兴庆坊"。

714年，唐玄宗将其同父异母的四位兄弟府邸迁往兴庆坊以西、以北的邻坊，在兴庆坊建造了新宫，其后近40年间经三次大的扩建修葺。

新宫名讳隆为兴，称"兴庆宫"，因在大明宫之南，又称"南内"。宫城之内，以隔墙分为两部分，北部为宫殿区，有兴庆殿、大同殿、南薰阁等建筑。

728年对兴庆宫又进行了扩建，并且唐玄宗由大明宫移入此宫居住听政，这里逐渐成为开元、天宝时期的政治活动中心。

在这一年扩建兴庆宫时，在兴庆宫龙池旁建造了一座亭子，取名"沉香亭"。据说，此亭全部是用沉香木建成的，沉香木自古以来就是非常名贵的木料，也是工艺品最上乘的原材料。沉香亭之所以如此名贵，跟整个亭子都是用沉香木打造的是分不开的。

沉香亭是当年唐明皇和杨贵妃的御用之物。坐在亭子里，四周红、紫、淡红、纯白的牡丹花争妍斗奇，特别是那种能变色的珍奇品种，叫作"晨纯赤、午浓绿、夕黄"，普通人也许一辈子都不会见过。

当时，大唐国泰民安、四海升平，万方来朝，唐玄宗、杨贵妃常在兴庆宫内举行大型宫廷活动、文艺演出，因而在唐诗中留下无数佳作名句，李白那首脍炙人口的《清平调》便是起源于兴庆宫的沉香亭。

据说唐玄宗初年，唐玄宗带着杨贵妃在梨园弟子的侍奉下来到沉香亭赏花。

唐玄宗对李龟年说："赏名花，对艳妃，你们怎么演唱旧词？这样吧，你快召李白来写新词。"

李龟年赶到长安大街有名的酒楼寻觅，果然李白正和几个文人畅饮，已经喝得酩酊大醉。当李龟年向他传达圣旨时，他醉眼微眯，半理不睬地睡过去了。

圣旨是误不得的，李龟年只好叫随从把李白拖到马上，到了宫门前，又叫人扶持到唐玄宗面前。

唐玄宗见李白一醉如泥，看了看距离沉香亭不远的龙池南岸生长着一种紫色的小草，人们称它为"醒酒草"，如果有人喝醉了掐上一根小草让他闻一闻酒劲儿即时消散。

但是唐玄宗想了想，没有让李白醒酒，因为同样精于诗文的唐玄宗知道，醉中的诗人散发出的不仅仅是酒气，还有平时或多或少自抑着的才气。于是唐玄宗便让李白躺在了玉床上，没想到李白把脚伸向高力士，要他脱靴。

高力士无奈，只好憋着一肚子气蹲下来为他脱，忙乱一阵，李白才从醉梦中惊醒。

唐玄宗叫他快作诗助兴。李白微微一笑，拿起笔来，不到一炷香工夫，已经写成了《清平调》词三首。第一首写道：

> 云想衣裳花想容，春风拂槛露华浓。
> 若非群玉山头见，会向瑶台月下逢。

第二首写道：

> 一枝红艳露凝香，云雨巫山枉断肠。
> 借问汉宫谁得似？可怜飞燕倚新妆。

第三首写道：

名花倾国两相欢，长得君王带笑看。

解释春风无限恨，沉香亭北倚阑干。

这三首诗，把牡丹和杨贵妃交互在一起写，花即人，人即花，人面花光浑融一片。

唐玄宗览词后，赞叹不已，命李龟年按调而歌。后来，李白离开了长安，而他在沉香亭写的这首诗流传了下来。

李白在沉香亭赋诗的事情被创作成了画作，名为《太白醉酒图》。此图是清代画家苏六朋于1844年创作的名作，而沉香亭也因此而愈加被人所熟知。此图写李白醉酒于唐玄宗宫殿之内，由内侍两人搀扶侍候的情景。

图中李白身穿白色朝袍，朱色靴、带，色调鲜明。内侍的服饰作皂帽、青杂色衣履，色调灰暗。以服装色彩明暗度的不同，烘托出李白高昂尊贵的气势。运思十分巧妙，多用方正之笔勾勒线条，设色富有层次。图中省略布景，人物造型准确，李白戴学士巾，五绺清须，面部用工笔描绘，层层晕色，表情活脱若生，眉宇间流露出高傲之态，十分传神。

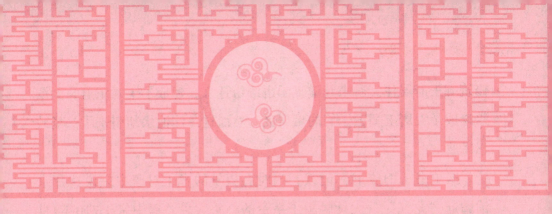

风景宜人的古代名亭

    沉香亭四周遍植牡丹，牡丹盛开之时，景色格外怡人，再加上龙池的水送来习习凉风，更是一个避暑的好地方。

    所以，当时唐玄宗与杨贵妃经常在沉香亭宴乐，关于沉香亭所在的龙池，还有一个传说。

    相传武则天执政的时候，长安城内隆庆坊居民王纯家里一口井突然向外冒水不止，很快在城中溢流成面积达数十顷的池泽，当时人们称之"隆庆池"。城中难得这一片水色天光的美景，王公贵族们纷纷在池岸修筑宅第。

    唐玄宗李隆基五兄弟被武则天从洛阳接回长安后，就在隆庆池边

修筑五王府居住。后来其他王子也纷纷迁来，建成了十六王府，湖滨水畔成了大唐王朝王子们的聚居区，然而这一洼池水却引来了一场政坛风波。

据史书《旧唐书》记载，当时有望气的术士对唐中宗说这片水泊腾起"龙气"，无疑触犯了皇帝的心头大忌。唐中宗于710年4月率文武百官以游览为名临幸隆庆池，在水面"结彩为楼船，令巨象踏之"。用大象践踏"龙气"，同时组织百官在上面赛龙舟镇压"龙气"。

看上去似一场君臣联欢的娱乐活动，却隐藏着唐中宗心中难言之隐的秘密。但是这里毕竟是皇城之内的侄皇子皇孙们的聚居区，唐中宗也不能做得太出格。"龙气"即起，大象践踏也没用。

时隔不过两个月，55岁的唐中宗便一命呜呼了。之后两年左右，住在隆庆池的五王子李隆基便登基做了皇帝。从此，我国步入了最繁

荣鼎盛的大唐"开元"、"天宝"时期。

　　李隆基登基后，将"隆庆池"正式改名为"龙池"，以象征"龙兴之地"。池畔居住的王子们纷纷献出自己的宅第，唐玄宗在王府故居旧址上建起了花团锦簇的兴庆宫。

　　"龙池"本来就是城中一块秀丽迷人的湖泊，经过进一步在水边修建亭台楼阁，栽种的牡丹成片、绿树成荫，湖光塔影，成了著名的皇家园林。湖面荷花娇艳，画舫游弋。

　　湖畔的龙亭、沉香亭、花萼相辉楼、勤政务本楼等雕梁画栋的宏伟建筑，在红花绿树间掩映，倒映在"龙池"的水色天光中荡漾波影。

　　并且，关于兴庆宫"龙池"之畔诗歌佳话很多，唐代的大诗人们在诗中多以"龙池"形成来象征"真龙天子"唐玄宗登基。

如唐玄宗时宰相姚崇在《龙池篇》写道：

> 恭闻帝里生灵沼，应报明君鼎业新。
> 即协翠泉光宝命，还符白水出真人。
> 此时舜海潜龙跃，此地尧河带马巡。
> 独有前池一小雁，叨承旧惠入天津。

左拾遗蔡孚诗写道：

> 帝宅王家大道边，神马潜龙涌圣泉。
> 昔日昔时经此地，看来看去渐成川。
> 歌台舞榭宜正月，柳岸梅洲胜往年。
> 莫疑波上春云少，只为从龙直上天。

官居太府少卿的大诗人沈佺期诗中更是将龙池之"龙"用得如绕

口令：

> 龙池跃龙龙已飞，龙德先天天不违。
> 池开天汉分黄道，龙向天门入紫微。

兵部侍郎裴濯写道：

> 乾坤启圣吐龙泉，泉水年年胜一年。
> 始看鱼跃方成海，即睹龙飞利在天！

就是因为这些诗词，龙池越加有名了，而建造在龙池北面的沉香亭，也越加被人口口相传。

后来，兴庆宫因为安史之乱而遭到严重破坏，沉香亭也未能幸免。自从兴庆宫失去了政治上的重要地位后，便成为安置太上皇玄宗之处。

宋代，兴庆宫成为春日游赏之地，元明两代还有不少文人在龙池泛舟赋诗唱和，在沉香亭休憩。

后来兴庆宫因战火被毁了，沉香亭也香消玉殒了，存留下来的沉香亭为后来重建的。

重建的沉香亭，系仿唐建筑风调，四角攒顶形式，上盖碧色琉璃瓦，下面朱柱挺立，雕梁画栋，刻门凿窗，剔透玲珑，金碧辉煌，极为壮丽，是园内最别致的一座亭子。

沉香亭正东挂有牌匾"沉香厅"三字，内敛劲道，正西同样是"沉香厅"三字匾额，潇洒张扬。正南挂的是"终南积翠"四字匾额。正北悬挂的是"平湖微水"匾。

登高置身亭上，不仅可领略碧波荡漾的龙池风光，还可远眺湖西花萼楼，湖北南薰阁和西山叠石。凭栏俯视亭下西南角的牡丹台，形似立体感的牡丹花型图案，上植各色牡丹，花开时节这里牡丹吐芬斗艳，游人如织，男男女女熙熙攘攘好不热闹。

也可以看到遍植红叶和苍松翠柏的北山秀色，风景幽静的长庆轩和绿林竹影的翠竹亭，以及高低起伏、步回路转的九曲桥等。

知识点滴

存留下来的沉香亭于1958年重建，并沿用唐兴庆宫故亭旧名。为了保护这一园林建筑，美化景点，西安市政府于1981年拨出专款，对部分亭顶屋面进行了整修。

这次整修中，还重新设计制作了郭沫若书写的"沉香亭"匾，匾上雕刻贴金，边饰雕刻有"二龙戏珠"和"双凤嬉牡丹"，极富民族特色。

徐州放鹤亭

　　放鹤亭位于江苏省徐州云龙山之巅，为彭城隐士张天骥于1078年所建。张天骥自号"云龙山人"，苏轼任徐州知州时与其结为好友。

　　张天骥养了两只仙鹤，他每天清晨在此亭放飞仙鹤，亭因此而得名"放鹤亭"。

　　1078年秋，苏轼写了《放鹤亭记》，除描绘了云龙山变幻莫测的迷人景色外，还称赞了张天骥的隐居生活，塑造了一个超凡出群的隐士形象，而云龙山和放鹤亭也因此闻名于世。

隐士多情怀的放鹤亭

　　放鹤亭位于江苏省徐州云龙山之巅，为彭城隐士张天骥所建。张天骥是北宋人，自号云龙山人，又称"张山人"，满腹才华，却不愿意做官，醉心于道家修身养性之术，隐居徐州云龙山西麓黄茅冈，以躬耕自资，奉养父母。

　　张天骥养了两只鹤，天天以训鹤为事。1078年，张天骥在云龙山顶建一亭，他每天清晨在此亭放飞仙鹤，亭因此而得名"放鹤亭"。

苏轼早年曾受道家思想熏陶。他从小在家乡四川眉山县，跟着眉山天庆观北极院道士张易简学习过三年。成年之后，道、佛、儒三家思想对苏轼几乎有同样的吸引力。

苏轼仕途坎坷，政治上屡遭挫折，更助长了他放达旷逸的性格。因此，他与张天骥感情十分投洽。苏轼在徐州写的大量诗歌中，张天骥的名字频频出现。

1078年秋，苏轼为张天骥写了《放鹤亭记》，除描绘了云龙山变幻莫测的迷人景色外，还称赞了张天骥的隐居生活，塑造了一个超凡出群的隐士形象，而云龙山和放鹤亭也因此闻名于世。

并且，《放鹤亭记》作于苏轼在徐州时，主要描写与张天骥游宴之乐，并通过引古证今，歌颂隐逸者的乐趣，寄寓自己政治失意时向往清远闲放的情怀。

文章写景，却特征突出，叙事简明，却清晰有致，引用典故能切中时弊，用活泼的对答歌咏方式抒情达意，显得轻松自由，读来饶有兴味。

其中，《放鹤亭记》中第三段最为有名，写道：

山人忻然而笑曰："有是哉！"乃作放鹤、招鹤之歌曰："鹤飞去兮西山之缺，高翔而下览兮，择所适。翻然敛翼，宛将集兮，忽何所见，矫然而复击。独终日于涧谷之间兮，啄苍苔而履白石。""鹤归来兮，东山之阴。其下有人兮，黄冠草屦，葛衣而鼓琴。躬耕而食兮，其余以汝饱。归来归来兮，西山不可以久留。"

第三段叙述隐者和国君在生活情趣上迥然不同。隐士不但可以养鹤，甚至纵酒，还可以传名，国君却不然。这篇文章，妙在气势纵横，自然清畅，完全是作者性情的流露。

放鹤亭并不算是名胜，却因这篇文章的关系，也同时流传下来。

鹤，乃古代贤士也。古有北宋隐逸诗人林逋"梅妻鹤子"之美谈，再有张天骥隐居之不仕之名。放鹤的实际意思是比喻招贤纳士。

在苏轼笔下，张山人的形象是被做了艺术加工的，苏轼借这一形象寄寓自己追求隐逸生活的理想。在《放鹤亭记》最后的"放鹤"和"招鹤"两歌中，这一点表现得相当清楚。

张天骥是这样超凡拔俗，飘飘欲仙，有如野鹤闲云，过着比"南

面而君"逍遥自在的快活日子。

这正是苏轼在《放鹤亭记》全文中所要表达的主题思想。这"放鹤"、"招鹤"两歌音韵和谐，抒情婉转，为全文增添光彩，因而千古传诵。因之，云龙山上既有放鹤亭，又有招鹤亭。

后来，苏轼常常带着宾客和僚吏到放鹤亭来饮酒。张天骥"提壶劝酒"，也"惯作酒伴"，苏轼屡次大醉而归。苏轼在诗中描述了这种情景：

万木锁云龙，天留于戴公。路迷山向背，人在滇西东。
荞麦余春雪，樱桃落晚风。入城都不记，归路醉眼中。

这首诗不仅是苏轼在张天骥这里畅表心情的自白，也是在放鹤亭中看到的云龙山美妙景色的写照。

至明代，因为放鹤亭的名声日益增大，有很多文人雅士都对放鹤亭进行了赞美。

明代的进士乔宇写过《放鹤亭》一诗，诗写道：

川原雨过烟花绕，
殿阁风回竹树凉。

笑指云龙山下路，

放歌无措醉华筵。

明代的另一位进士许成名，也写过一首关于《放鹤亭》的诗：

黄茅人去冈犹在，

白鹤亭空事已遥。

我欲凌风登绝顶，

平林漠漠草萧萧。

放鹤亭正是因为经过诸多诗人、画家的游历，再加上他们所留下的墨宝，而变得越加有名了！

知识点滴

放鹤亭的建造者张天骥38岁时还尚未娶妻。苏轼愿为张山人做媒，替他找个合适女子，但张山人婉辞谢绝。

张天骥表示要坚持"不如学养生，一气服千息"的道家独身生活。就这样张天骥便在放鹤亭一直过着"梅妻鹤子"的生活。由此，也可见张山人醉心于"修真养性"之术。

苏轼和张天骥的友谊保持很久，十二年后，也就是1089年，苏轼任杭州太守时，张天骥还不远千里到杭州去看望他。苏轼热情款待这位老友住了十天，才赠诗话别。

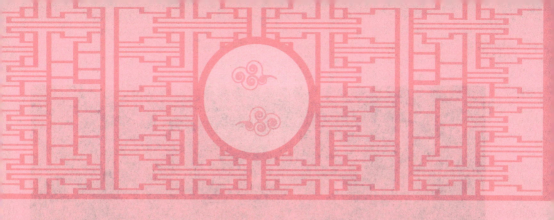

放鹤亭的迁建历史

在明代，放鹤亭屡坍屡修，存留下来的放鹤亭位于云龙山顶。但是据资料显示，张天骥所建的放鹤亭原是在云龙山脚下。苏轼在《放鹤亭记》中写道：

熙宁十年秋，彭城大水，云龙山人张君之草堂，水及

其半扉。明年春，水落，迁于故居之东，东山之麓。升高而望，得异境焉，作亭于其上。

这几句话告诉我们张天骥居处遭水患，大水之后，张氏新草堂建成，并建造了亭子，而这个亭子就是放鹤亭了。并且在张天骥的新草堂建成后，苏轼再去拜访，又有诗写道：

鱼龙随水落，猿鹤喜君还。
旧隐丘墟外，新堂紫翠间。

作者自注："张故居为大水所坏，新卜此室故居之东。"可见张天骥故居原在村外地势较低处，故而洪水暴涨，才会"水及其半扉，摧而坏之"。

并且文中说道，张天骥故居是在山麓，麓，是山脚的意思，也就是说张天骥的草堂原来是在山脚下的，后来迁到了紫翠间。

但是紫翠间也并不是山顶，在苏轼《送蜀人张师厚赴殿试二首》写道："云龙山下试春衣，放鹤亭前送落晖。"可见最初张天骥故居所建的放鹤亭并不在山顶上，而是在云龙山下。

清代初期魏裔介《云龙山》诗也明确指出："云龙山下茅亭址。"并且关于放鹤亭的具体位置，同样的北宋词人贺铸在《庆湖遗老诗集》卷2的《游云龙张山人居·序》中说得非常明白：

> 云龙山距彭城郭南三里，郡人张天骥筑亭于西麓。元丰初，郡守眉山苏公屡登，燕于此亭下。畜二鹤，因以放鹤名亭，复为之记。亭下有小屋，曰苏斋，壁间榜眉山所留二诗及画大枯株，亦公醉笔也。亭上一径至山腹，有石如耆冶者，公复题三十许字，记戊午仲冬雪后与二三子携惠山泉烹凤团此岩下，张即镵之。

这些都表明，张天骥所建的放鹤亭是位于云龙山脚下的。大致是在明代，放鹤亭迁建到山巅。

据明代地方志《徐州志》记载："唐昭宗时，朱全忠遣子友裕，败徐州节度使时溥军于石佛山前，即此有兴化寺。有井去地七百余尺，或云泉可愈疾，积久埋塞。成化间，太监高瑛淘之泉出，今复埋。"

并且，在1487年的《重修石佛寺碑》记载："有井在山顶，弃而不食者累年，发其瓦砾，甘美如初。"

可见在1487年，还没有"饮鹤泉"这个名称。但是至明代嘉靖年间，放鹤亭已经建在山巅最高处了。在1547年，状元李春芳有绝句二首：

归来正及李花时，为访仙踪去马迟。

更上龙岗最高处，五运霏霭凤凰池。

放鹤亭前水泠泠，放鹤亭上云晶晶。

千古水云常自在，红尘扰扰笑浮生。

从诗中可见，这时放鹤亭和饮鹤泉都已齐备了。所以推测，放鹤亭是在明代移至山顶的。

并且在后来清代乾隆时期，乾隆皇帝多次驻跸在云龙山下行宫，屡登云龙山，还兴致勃勃地为放鹤亭、饮鹤泉等题字留诗。

也正是因为乾隆皇帝的认可，云龙山顶的放鹤亭更加被世人所接受，放鹤亭的美名也由此传扬开来。

知识点滴

据说徐州苏轼研究会理事李世明先生处保存的《吴友如真迹人物画谱》中，有一幅落款1893年的《放鹤亭图》。

据说在这幅画中放鹤亭是一间多级斗拱的亭子，屹立在峻岭之间。张山人依在栏杆上，两只鹤已经放出，翱翔远飞，亭边有一童子作欢呼状。画中题款是："山人有二鹤，甚驯而善飞。光绪癸巳小春月上浣写于海上飞影阁，友如。"

吴友如是苏州吴县人，一生在上海作画，他主办的《点石斋画报》闻名遐迩。他曾经被邀赴京为宫廷作画，可能在来往途中路过徐州，踏访过云龙山"放鹤亭"，这幅画是他依据苏轼和贺铸等诗作意境发挥艺术想象的创作。

杭州湖心亭

湖心亭位于浙江杭州西湖中央，是我国四大名亭之一。在宋元时期曾有湖心寺。明代有知府孙孟建振鹭亭，后改清禧阁，是湖心亭的前身。在湖心亭极目四眺，湖光皆收眼底，群山如列翠屏，在西湖十八景中称为"湖心平眺"。

湖心亭不仅是亭名，也是岛名。湖心亭小于三潭印月，大于阮公墩。它们合称"蓬莱三岛"，湖心亭为"蓬莱"，三潭印月为"瀛洲"，阮公墩为"方丈"。环岛皆水，环水皆山，置身湖心亭，确有身处"世外桃源"之感。

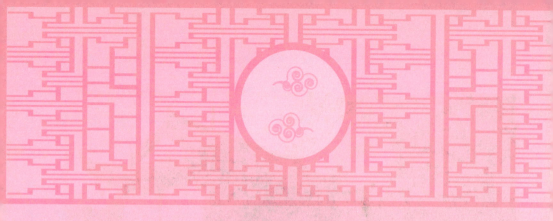

西湖盛景的美丽传说

相传在很久以前，天上的玉龙和金凤在银河边的仙岛上找到了一块白玉，他们一起琢磨了许多年，白玉就变成了一颗璀璨的明珠。这颗宝珠的珠光照到哪里，哪里的树木就常青，百花就盛开。

谁知，这颗宝珠被王母娘娘发现后，就派天兵天将把宝珠抢走

了，玉龙和金凤赶去索珠，王母不肯，于是就发生了争抢，王母的手一松，明珠就降落到人间，变成了波光粼粼的西湖。

玉龙和金凤舍不得明珠，下凡变成玉龙山和凤凰山，永远守护着西湖。他们的眼泪则变成了湖中的三座小岛，人们把这三个岛分别取名为"湖心亭"、"三潭印月"和"阮公墩"，又称为"蓬莱三岛"。

传说渤海外有三座神山，分别是蓬莱、瀛洲和方丈。在道家经典《列子》中记载："渤海之东有五山焉，一曰岱舆，二曰员峤，三曰方壶，四曰瀛洲，五曰蓬莱。"

据说当时蓬莱岛原来共有五座，那另外两座去哪里了呢？关于消失的两座山，还有一个故事。

住在那里的人都是神仙圣人一类，一天一夜就能飞去又飞回来的人，数也数不清。但五座山的根部并不相连，经常跟随潮水的波浪上下移动，不能有一刻稳定。

神仙和圣人们都讨厌此事，便报告了天帝。天帝担心这五座山流到最西边去，使众多的神仙与圣人失去居住的地方，于是命令禹强行指挥15只大鳌抬起脑袋把这五座山顶住。分为三班，60000年一换。

这五座山才开始稳定下来不再流动，但是龙伯之国有个巨人，抬起脚没走几步就到了这五座山所在的地方，一钩就钓上了六只大鳌，合起来背上就回到了他们国家，然后用烧的大鳌的骨头来占卜吉凶。

于是岱舆和员峤两山便沉入了大海，所以就剩下了三座山了。

人们把西湖中的3座岛分别命名为"蓬莱三岛"，湖心亭为"蓬莱"，三潭印月为"瀛洲"，阮公墩为"方丈"。

至宋元时期，人们在蓬莱岛上建造了湖心寺，后倾圮。在后来清代地方志《西湖志》就有记载："亭在全湖中心，旧有湖心寺，寺外三塔，明孝宗时，寺与塔俱毁。"

至1552年，知府孙孟在寺的旧址上盖了振鹭亭，后改用琉璃瓦，亭角悬挂铜铃，风起时，铃声悠悠，一时成为湖上闹处，改名清禧阁，但不久被风雨所倾。

据明代钱塘县令聂心汤的《县志》中记载："湖心寺外三塔，其中塔、南塔并废，乃即北塔基建亭，名湖心亭。复于旧寺基重建德生堂，以为放生之所。"

1573年至1619年，又进行重建，清禧阁改名"太虚一点"，因亭居于外西湖中央小岛上，故又称"湖心亭"。亭为岛名，岛为亭名。

清雍正年间，重修湖心亭后，又在上层增添楼阁，新造两间堂屋，屋后是临水长廊。康熙亲临岛上题亭额"静观万类"，题楼额"天然图画"，又写下一副楹联"波涌湖光远，山催水色深。"

后迭经变故，亭阁颓圮，又几成荒岛。

存留下来的湖心亭建造于孤山之南，"三潭印月"的北面。湖心亭选址极为恰当，四面临水，花树掩映，衬托着飞檐翘角的黄色琉璃瓦屋顶，这种色彩上的对比显得更加突出。

岛与建筑结合自然，湖心亭与"三潭印月"、阮公墩三岛如同神话中海上三座仙山一样鼎立湖心。

而在湖心亭上又有历代文人留下"一片清光浮水国，十分明月到

湖心"等写景写情的楹联佳作，更增湖心亭的美好意境，而人于亭内眺望全湖时，山光水色，着实迷人。

湖心亭为楼式建筑，四面环水，登楼四望，不仅湖水荡漾，而且四面群山如屏风林立。亭的西面为西湖的南高峰和北高峰，景色十分壮观。

游人登此楼观景，称为"湖心平眺"，是清代西湖十八景之一。

昔人有诗写道：

百遍清游未拟还，孤亭好在水云间。
停阑四面空明里，一面城头三面山。

湖心亭南便是"三潭印月"。三潭印月的三个石塔为宋代苏东坡任杭州知府时所建。一登岸，迎面来的便是先贤祠和一座小巧玲珑的三角亭，以及与三角亭遥相呼应的四角"百寿亭"。

这些亭与桥既构成了三潭印月水面空间分割，又增加了空间景观层次，成为不可缺少的景观建筑。

　　绿树掩映的"我心相印亭"以及"三潭印月"的碑亭，都为构成三潭印月的景观、空间艺术层次起到了重要作用，而"我心相印亭"因有"不必言说，彼此意会"的寓意，更增"三潭印月"的情趣。

　　"三潭印月"与湖心亭相互呼应形成对景，更加增添了游人在湖心亭眺望的美景。

　　　湖心亭所在的瀛洲岛于泥土松软，不宜建造过多建筑，荒芜了百余年。直至1982年，为开发旅游资源，在这面积 5600多平方米的岛上，增添1000多吨泥土，周围块石加固，基建240多平方米，建造了"忆芸亭"、"云水居"和"环碧小筑"等，后又开辟垂钓区、形成了一个颇具特色的"绿树花丛藏竹舍"的水上园林。

　　　后来在湖心亭上举办仿古游，更加受人们的欢迎。夏秋之夜的岛上，身着古装的侍女敬茶，古琴伴奏，轻歌曼舞，洋溢着古人生活情趣的气氛，游者乐在其中。

知识点滴

诗词扬名的湖心亭

湖心亭初建时，曾有这样一副对联：

亭立湖心，俨西子载扁舟，雅称雨奇晴好；
席开水面，恍苏公游赤壁，偏宜月白风清。

湖上的扁舟，可谓佳喻巧思。

明朝嘉靖年间人郑烨撰的楹联，描绘了此地景色：

台榭漫芳塘，柳浪莲房，曲曲层层皆入画；
烟霞笼别墅，莺歌蛙鼓，晴晴雨雨总宜人。

这是一副清雅秀逸的名胜风景对联。它把湖心亭这一弥漫在濛濛春雨中的名胜，展现在人们的眼前。亭旁堤岸上的柳树在春风吹拂下，如波浪一样，起伏不断，和湖中的莲荷相辉映，雨后乍晴的西湖各种建筑物，在烟霞里显得格外清幽壮观。莲荷相映，莺歌蛙鸣，动静结合，给湖心亭以勃勃生机。

联中叠字运用十分巧妙，"曲曲层层"维妙维肖地写出了湖心亭周围的亭台楼阁、绿柳莲房；"晴晴雨雨"展示了晴、雨天气的西湖景色。

　　湖心亭清喜阁上旧时有一副胡来朝撰写的楹联，是一篇充满现实主义的作品：

四季笙歌，尚有穷民悲月夜；

六桥花柳，浑无隙地种桑麻。

　　经过文人的游历，还有这些优秀楹联的传名，湖心亭愈加出名了。明末的时候，大文学家张岱来到了湖心亭，写下了著名篇章《湖心亭看雪》，从此湖心亭更是名扬天下！

　　《湖心亭看雪》选自《陶庵梦忆》，写道：

崇祯五年十二月，余住西湖。大雪三日，湖中人鸟声俱绝。

　　是日更定矣，余拏一小舟，拥毳衣炉火，独往湖心亭看雪。雾凇沆砀，天与云与山与水，上下一白。湖上影子，唯长堤一痕，湖心亭一点，与余舟一芥，舟中人两三粒而已。

　　到亭上，有两人铺毡对坐，一童子烧酒炉正沸。见余大喜曰："湖中焉得更有此人！"拉余同饮。余强饮三大白而别。问其姓氏，是金陵人，客此。

　　及下船，舟子喃喃曰："莫说相公痴，更有痴似相公者！"

　　明代晚期小品在我国散文史上虽然不如先秦诸子或唐宋八大家那样引人瞩目，却也占有一席之地。它如开放在深山石隙间的一丛幽兰，疏花续蕊，迎风吐馨，虽无灼灼之艳，却自有一段清高拔俗的风韵。

　　第一句："崇祯五年十二月，余住西湖。"从冷冷的冬天能更加突出湖心亭的雪景极其美丽。开头两句点明时间、地点。

　　"十二月"，正当隆冬多雪之时，"余住西湖"，则点明作者所居邻西湖。这开头的两句，却从时、地两个方面不着痕迹地引出下文的大雪和湖上看雪。

　　第二句："大雪三日，湖中人鸟声俱绝。"紧承开头，只此两句，大雪封湖之状就令人可想，读来如觉寒气逼人。

　　作者妙在不从视觉写大雪，而通过听觉来写，"湖中人鸟声俱绝"，写出大雪后一片静寂，湖山封冻，人、鸟都瑟缩着不敢外出，寒噤得不敢作声，连空气也仿佛冻结了。

　　一个"绝"字，传出冰天雪地、万籁无声的森然寒意。这是高度的写意手法，巧妙地从人的听觉和心理感受上画出了大雪的威严。

　　它使我们联想起唐人柳宗元那首有名的诗《江雪》："千山鸟飞

绝，万径人踪灭。孤舟蓑笠翁，独钓寒江雪。"

柳宗元这幅"江天大雪图"是从视觉着眼的，江天茫茫，"人鸟无踪"，独有一个"钓雪"的渔翁。

张岱笔下则是"人鸟无声"，但这无声却正是人的听觉感受，因而无声中仍有人在。柳诗仅20字，最后才点出一个"雪"字，可谓即果溯因。

张岱则写"大雪三日"而致"湖中人鸟声俱绝"，可谓由因见果。两者机杼不同，而同样达到写景传神的艺术效果。

如果说，《江雪》中的"千山鸟飞绝，万径人踪灭"，是为了渲染和衬托寒江独钓的渔翁。那么张岱则为下文有人冒寒看雪作为映照。

第三句："是日更定矣，余拏一小舟，拥毳衣炉火，独往湖心亭看雪。""是日"者，"大雪三日"后，祁寒之日也；"更定"者，

凌晨时分，寒气倍增之时也。

"拥毳衣炉火"一句，则以御寒之物反衬寒气砭骨。

试想，在"人鸟声俱绝"的冰天雪地里，竟有人夜深出门，"独往湖心亭看雪"，这是一种何等迥绝流俗的孤怀雅兴啊！"独往湖心亭看雪"的"独"字，正不妨与"独钓寒江雪"的"独"字互参。

在这里，作者那种独抱冰雪之操守和孤高自赏的情调，不是溢于言表了吗？其所以要夜深独往，大约是既不欲人见，也不欲见人。那么，这种孤寂的情怀中，不也蕴含着避世的幽愤吗？

然后，作者以空灵之笔来写湖中雪景："雾凇沆砀，天与云与山与水，上下一白。湖上影子，唯长堤一痕，湖心亭一点，与余舟一芥，舟中人两三粒而已。"

这真是一幅水墨山水画的湖山夜雪图！"雾凇沆砀"是形容湖上雪光水气，弥漫一片。"天与云与山与水，上下一白"，选用三个"与"字，生动地写出天空、云层、湖水之间白茫茫浑然难辨的景象。

作者先总写一句，犹如摄取一个"上下皆白"的全景，从看雪来说，符合第一眼的总感觉、总印象。

接着变换视角，化为一个个诗意盎然的特写镜头："长堤一痕、湖心亭一点、余舟一芥、舟中人两三粒"等。这是简约的画，梦幻般的诗，给人一种似有若无、依稀恍惚之感。

作者对数量词的锤炼功夫，不得不使我们惊叹。"上下一白"之"一"字，是状其混茫难辨，使人唯觉其大。而"一痕、一点、一芥"之"一"字，则是状其依稀可辨，使人唯觉其小。

真可谓着"一"字而境界出矣。同时由"长堤一痕"到"湖心亭一点"，到"余舟一芥"，到"舟中人两三粒"，镜头则是从小而更小，直至微乎其微。

这"痕、点、芥、粒"等词，一个小似一个，写出视线的移动，景物的变化，使人觉得天造地设，生定在那儿，丝毫也撼动它不得。

这一段是写景，却又不止于写景。

从这个混沌一片的冰雪世界中，可以感受到作者那种人生天地间茫茫如"太仓米"的深沉感慨。

最后一句："及下船，舟子喃喃曰：'莫说相公痴，更有痴似相公者！'"

前人论词，有点、染之说，这个尾声，可谓融点、染于一体。借舟子之口，点出一个"痴"字；又以相公之"痴"与"痴似相公者"相比较、相浸染，把一个"痴"字写透。

所谓"痴似相公"，并非减损相公之"痴"，而是以同调来映衬相公之"痴"。"喃喃"两字，形容舟子自言自语、大感不解之状，如闻其声，如见其人。这种地方，也正是作者的得意处和感慨处。

文情荡漾，余味无穷。痴字表明特有的感受，来展示他钟情山水，淡泊孤寂的独特个性。

《湖心亭看雪》以精炼的笔墨，记叙了作者自己湖心亭看雪的经过，描绘了所看到的幽静深远、洁白广阔的雪景图，表达他幽远脱俗的闲情雅致。

《湖心亭看雪》的作者张岱出身官僚家庭，但是他一生未做官。他是明代晚期散文作家中成就较高的"殿军"，他写的这篇《湖心亭看雪》使得湖心亭更加有名了。

在湖心亭极目四眺，湖光山色皆收眼底，群山如列翠屏，在西湖北岸宝石山上，是著名的宝石流霞。

宝石山初名"石姥山"，曾称"保俶山"、"保所山"、"石甀山"、"巨石山"、"古塔山"等。山体属火成岩中的凝灰岩和流纹岩，阳光映照，其色泽似翡翠玛瑙，山上奇石荟萃，有倚云石、屯霞石、凤翔石、落星石等。

当朝阳的红光洒在宝石山上，小石块仿佛是熠熠闪光的宝石，备受人们喜爱，被称为"宝石流霞"。

在湖心亭中，还有清帝乾隆在亭上题过匾额"静观万类"，以及楹联"波涌湖光远，山催水色深"。岛南又有"虫二"两字石碑。

据说这两字也是乾隆帝御笔，是将繁体字中的"风月"两字的外边部分去掉，取"风月无边"的意思。1726年，乾隆帝御书"光澈中边"额。

在清代，湖心亭中也引来了诸多文人，其中有几幅楹联非常精妙。

有清代按察使金安清来湖心亭写的楹联：

春水绿浮珠一颗；
夕阳红湿地三弓。

联语写的是站在西湖堤上眺望湖心亭的景致。上联用比喻手法，把亭比作浮在粼粼绿波上面的一颗明珠。下联写湖心亭在夕阳中的景色。贴切地描绘出夕阳映湖，湖亭倒影给人的视觉和触觉形象。

联语色彩鲜明，对仗工整，也是一个难得的佳作。在湖心亭赏景，还能够看到美丽的平湖秋月景色。平湖秋月也是历代文人所描摹的景色。

清代晚期文学家黄文中在游西湖时，就对平湖秋月的美景写下了楹联：

鱼戏平湖穿远岫；

雁鸣秋月写长天。

平湖秋月，在西湖白堤西端，明代是龙王祠，清代康熙年间改建为御书楼，并在楼前水面建平台，楼侧有"平湖秋月"碑亭。每至皓月当空的秋夜，"一色湖光万顷秋"，充满了诗情画意。

首句描写群鱼在平湖里嬉戏跳跃，好像在湖中的峰峦之中穿行。

然后作者忽然把笔锋从水面忽转天空，群雁在秋月下飞行鸣叫，排成人字形，好像在长天之中写字。鱼跃雁飞，好一派活活泼泼的景象。

一个"穿"字，一个"写"字，突显出动感与生机。上下联在同一位置上嵌进了"平湖"、"秋月"，与所塑造的意境浑然一体，非常妥帖自然。

在湖心亭远眺，还能够看到三潭印月。三潭印月岛是西湖中最大的岛屿，风景秀丽、景色清幽。

在岛南湖中建成有三座石塔，相传为苏东坡在杭疏浚西湖时所创设，存留下来的石塔为明代重建。而有趣的是塔腹中空，球面体上排列着五个等距离圆洞，若在月明之夜，洞口糊上薄纸，塔中点燃灯光，洞形映入湖面，呈现许多月亮，真月和假月其影确实难分，夜景十分迷人，故得名"三潭印月"。

北京陶然亭

　　陶然亭位于北京宣武区东南隅，建筑于1695年的清代，是当时监督窑厂的工部郎中江藻建造，取诗人白居易"更待菊黄家酿熟，与君一醉一陶然"之意，取名陶然亭，是我国四大名亭之一。

　　陶然亭三面临湖，东与中央岛揽翠亭对景，北与窑台隔湖相望，西与精巧的云绘楼、清音阁相望。湖面轻舟荡漾，莲花朵朵，微风拂面，令人神情陶然。

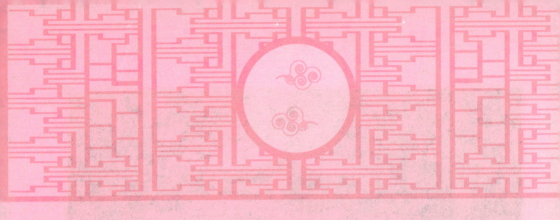

清新秀丽的古代建筑

北京地区，在唐代曾为"幽州"。自938年幽州成为辽"南京"以来，金元明清历代均在此建都。都市建设必然需要大量砖瓦，于是便在城郊就近设窑烧制。

从1553年起，增建永定门一线的北京南城城墙，将黑窑厂圈入南

城。由于筑城取土及多年的制砖用土，这一带形成了许多深坑，历年积蓄雨水，逐渐演变为有野鸭芦苇、坡陇高下、蒲渚参差的风景区，被冠以"野凫潭"的雅称。东南隅的黑龙潭，也成为皇家举行求雨仪式的固定场所。

在野凫潭畔高坡上有一座古刹慈悲庵，始建于元代，又称观音庵。关于慈悲庵的记载，最早于清代，1633年，重修慈悲庵时，后来任工部尚书的宛平人田种玉撰写的《重修黑窑厂观音庵碑记》，其中称：

观音庵者，普门大寺香火院也，创于元，沿于明……

该碑后来被毁，这也是关于慈悲庵创设年代最为直接的记录。在元明两代，关于慈悲庵的文献记载却几乎是一片空白。

1694年，工部郎中江藻奉命监督黑窑厂。他在闲暇之余常来野凫潭畔高坡上的古刹慈悲庵观览。因喜爱此处清幽雅致的环境，他于第二年在慈悲庵西侧建了一座小亭，取白居易诗句"更待菊黄家酿熟，共君一醉一陶然"的意境，将此亭命名为"陶然亭"。

江藻建亭10年以后，他的哥哥江蘩做了官，在1704年，将小亭拆掉，改建成南北砌筑山墙、东西两面通透的"敞轩"。

康熙年间，黑窑厂管理机构撤销，砖窑交窑户承包之后，陶然亭一带成了文人雅士们饮酒赋诗、观花赏月的聚会场所。查慎行、纪晓岚、龚自珍、张之洞、谭嗣同、秋瑾等许多名人都曾到过这里。

慈悲庵西侧的三间敞轩便是陶然亭。陶然亭面阔3间，进深一间半，面积约90平方米。亭上有苏式彩画，屋内梁栋饰有山水花鸟彩画，两根大梁上绘有《彩菊》、《八仙过海》、《太白醉酒》和《刘海戏金蟾》等彩画。

陶然亭上有江藻亲笔提写的"陶然亭"三字匾额。在东向门柱上悬联：

似闻陶令开三径；
来与弥陀共一龛。

此联是林则徐书写。在山门内檐下悬挂写有"陶然"两字的金字木匾，此匾为江藻遗墨。亭间分别悬挂两幅楹联，一幅写道：

慧眼光中，开半亩红莲碧沼；
烟花象外，坐一堂白月清风。

另外一幅写道：

烟藏古寺无人到；
榻倚深堂有月来。

　　此联是清代书法家翁方纲所撰，清代慈悲庵的主持僧静明请光绪皇帝的老师翁同龢重写。

　　在亭的南北墙上有四通石刻，一是江藻撰写的《陶然吟》引并跋；二是清代布政司参政江皋撰写的《陶然亭记》；三是清代思想家谭嗣同所著的《城南思旧铭》并序；四是《陶然亭小集》，这是清代文学家王昶写的《邀同竹君编修陶然亭小集》，此诗是王昶作于1775年的清代左右。

　　陶然亭建成后，江藻常邀请一些文人墨客、同僚好友到陶然亭上饮宴、赋诗。

　　慈悲庵经清代的修缮、扩建成后来人们看到的规模。其总面积为2700平方米，建筑总面积800余平方米。庵内主要建筑有山门，观音殿、准提殿、文昌阁、陶然亭以及南厅五间，西厅三间、北厅六间等。

　　在慈悲庵山门石额上刻有"古刹慈悲禅林"6字，山门向东，整个建筑布局严谨，瑰丽庄重。

进入慈悲庵山门，迎山门有影壁，其后有1131年，遗留下的金代石塔形经幢，幢身为八角柱体，八面间错着刻有四尊佛像和四段梵汉两种文字的经文，这四段经文分别为观音菩萨甘露陀罗尼、净法界陀罗尼、智炬如来心破地狱陀罗尼，有一面刻有的年月款式尚依稀可见，只见"天会九年"几字。

南侧为准提殿，面阔三间，供奉准提等3位菩萨和多尊佛像、祭器、供具等，可惜这些物品后来均被毁，该殿后来改为"陶然亭奇石展室"。

殿额题：

准提宝殿

殿联题：

法雨慈云，众生受福；

金轮宝盖，两戒长明。

额与联均为1880年，由岭南潘衍所题。在殿前西侧，还存有后来袁浚以魏碑体的大字书写的"陶然亭"碑石。

观音殿是慈悲庵的主殿，坐北朝南，与准提殿相对。两殿同处慈悲庵之轴线上，规格体制虽相仿。但观音殿之殿基较准提殿殿基高出0.6米左右，并有殿廊，因而更为宏伟壮观。屋顶脊兽，有狮、麒麟、海马等，显得庄严肃穆。

观音殿殿额题写于康熙四十三年（1704年），是四个白色正楷大字：

自在可观

楹联题：

莲宇苕蕘，去天尺五临韦曲；

芦塘淼漫，在水中央认补陀。

殿内有大乘佛教阿弥陀佛、大势王菩萨、观音菩萨的藤胎泥像和一些小型神像、佛像，另有一方文彭镌刻的《兰亭序》石碑。

殿前东侧原有田种玉于1663年撰书的《重修黑窑厂观音庵记》石碑，廊下西侧原有步青云撰书的《重修黑窑厂慈悲院记》石碑。

文昌阁坐北朝南，面阔三间，约8.1米，进深一间约4.4米。高约10米，总建筑面积为83平方米。阁前有一小方亭。楼上朝南一面有廊，可凭栏眺望。

文昌阁内祀奉的是文昌帝君和魁星，这两位神祇主宰文运兴衰和功名禄位，备受读书人崇敬。

文昌阁前有座"慈智大德佛顶尊胜陀罗尼幢"，建于1099年，幢高2.52米，八角柱体，八面均有用汉文和音译梵文刻的经文。

湖心岛上还有锦秋墩、燕头山，与陶然亭成鼎足之势。锦秋墩顶有锦秋亭，其地为花仙祠遗址。陶然亭南山麓有"玫瑰山"，燕头山顶有揽翠亭，与锦秋亭和陶然亭形成对景。

对于锦秋墩，在晚清作家魏秀仁所作《花月痕》里对陶然亭锦秋墩有详尽描述：

京师繁华靡丽，甲于天下。独城之东南有一锦秋墩，上有亭，名陶然亭，百年前水部郎江藻所建。

四围远眺，数十里城池村落，尽在目前，别有潇洒出尘之致。

亭左近花神庙，绵竹为墙，亦有小亭。亭外孤坟三尺，春时葬花于此，或传某校书埋玉之所。

后来，人们将陶然亭辟为公园，将原来中南海内乾隆时代的宫廷建筑云绘楼、清音阁迁来此处，与慈悲庵内的陶然亭比邻而居、隔水相对，成为一道亮丽的风景线。

在陶然亭葫芦岛西南，与陶然亭隔水相望，有座妩媚多姿精巧的双层楼阁，它就是云绘楼和清音阁。云绘楼与清音阁相通，为一组平面呈"L"形建筑。云绘楼共三层，坐西朝东，与陶然亭对景，楼北有间屋叫"韵馨"；清音阁为两层，坐南面北，上下屋有题字为"印日"的两个门相通。

双层的彩画游廊向北面和东面伸出，各自连接着一座复式凉亭，而这两座复式的凉亭，又紧紧连接在一起，彼此独立而面向不同的方向，但又珠联璧合，浑然一体，是这组建筑最显著的风格。

这座具有江南风格的小巧建筑，雕塑彩绘全部保存原来的形式与装饰，精巧大方，别具风格，山水之间有亭、台、楼、阁的点缀，更

加清新秀丽了。

云绘楼、清音阁原本位于中南海内，后来云绘楼因施工需要拆除，但因这组建筑结构和风格独具特色，所以把这组建筑完整地迁建到陶然亭的西湖南岸。

在陶然亭西南山下建澄光亭，亭北山下为常青轩。于陶然亭望湖观山，最为相宜。

陶然亭周围，还有许多著名的历史胜迹。西北有龙树寺，寺内有兼葭簃、天倪阁、看山楼和抱冰堂等建筑，名流雅士常于此游憩。

东南有黑龙潭、龙王亭、哪吒庙、刺梅园、祖园，西南有风氏园，正北有窑台，东北有香冢、鹦鹉冢等。

在陶然亭的四周，还有仿建的我国各地的名亭，它们都位于陶然公园中的华夏名亭园。

在1985年修建的华夏名亭园是陶然亭公园的"园中之园"，这是精选国内名亭仿建而成。

其中有湖南省汨罗纪念战国时期楚国伟大诗人屈原的独醒亭；有浙江省绍兴纪念晋代大书法家王羲之的兰亭和鹅池碑亭；有四川省成都纪念唐代诗人杜甫的少陵草堂碑亭；有江苏省无锡纪念唐代文学家陆羽的二泉亭；有江西省九江纪念唐代诗人白居易的浸月亭，还有安徽省滁县纪念北宋文学家欧阳修的醉翁亭。

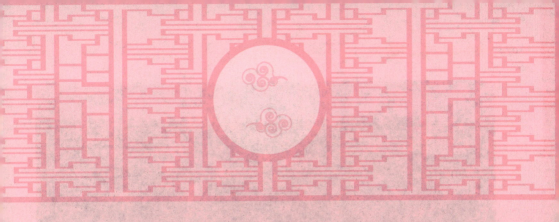

陶然亭中的名人轶事

陶然亭建成后，江藻常邀请一些文人墨客、同僚好友到陶然亭上饮宴、赋诗，这里变成了文人墨客"红尘中清净世界"，故陶然亭是文人雅集的地方，因此留下的诗文很多。

其中清代礼部主事龚自珍在陶然亭上留下过很多诗文。文昌阁位于陶然亭不远处，文昌帝是主管教育和考试的神仙，因此文昌阁成了清代学子聚集之处。

在清代，每三年举行一次由皇帝主持的科举考试，全国的举子云集京城，大多住在南城一带的会馆中，有人在考试前来这里祷告上苍，向文昌帝顶礼膜拜，以求成全他们

获取功名的愿望，考试后，还要来这里聚会。

考上了，开怀畅饮，以示庆贺；没考上的，内心郁闷，也不免在陶然亭上追悔叹息。

据说，清代杰出的政治家、思想家龚自珍在27岁时，进京赶考，殿试落第，于仲秋的暮霭中登上陶然亭。他凭栏远眺昏暗落日笼罩的京城，耳听四面荒野中过往行人的匆匆脚步，内心的压抑和苍茫的景色令他百感交集，遂挥笔赋诗于陶然亭壁上，诗写道：

楼阁参差未上灯，菰芦深处有人行。

凭君且莫登高望，忽忽中原暮霭生。

这首诗也表现出当时龚自珍失落的心情。

在陶然亭还有一副绝对，受到诸多文人墨客的赞叹，是清代政治家张之洞在陶然亭与朋友聚会的时候，无意中出现的对联，写道：

陶然亭
张之洞

当时张之洞做京官，有一次，他在陶然亭请几位朋友吃饭。席间，张之洞忽然问道："陶然亭三个字，该用什么来对？"

过了一会儿，就见客人们交头接耳，在下边偷偷地笑，还不断地往他脸上看。

张之洞莫名其妙，又问道："诸位到底对的是什么？"

其中有一位站起来说道："恐怕只有您的大名才对得好。"

张之洞听了，也大笑起来。原来这是一副无情对，"陶然亭"对

"张之洞"。

从字面上讲，陶张为姓，然之为虚词，亭洞为景物名词，对得极为工整。而意义上一为地名，一为人名，上下联之间是"无情"，即无关联的。

这副对联便在陶然亭广为流传，为陶然亭增色不少。在清代，来到陶然亭游历的还有民族英雄林则徐，他在陶然亭写下了一副非常有名的对联：

似闻陶令开三径；

来与弥陀共一龛。

此联为流水对，上下文意一贯。

上联："陶令"，东晋时期诗人陶渊明，曾任彭泽县令。"三径"，陶渊明《归去来辞》中有"三径就荒，松菊犹存"句，这里指隐居。

下联："弥陀"，梵语"阿弥陀佛"的简称，此处泛指佛像。"龛"，供奉神像的石室或柜子，这里指佛门。

联语用陶令之典兼指陶然亭之陶，并以陶渊明淡泊的田园生活，来形容陶然亭的幽静，表示其心与古人相通，表现了作者对隐居生活的向往。联语也可看作是作者心声的流露。

并且，清代著名的大学士翁方纲也曾来到陶然亭并题写了对联：

烟笼古寺无人到；

树倚深堂有月来。

联语描绘寺之"静"。烟笼，指烟雾笼罩。上联写白天的清静，古寺被烟雾笼罩，无人到此；下联叙述夜晚的安谧，深堂处于树林之中，只有明月照映进来。

以"无人"与"有月"的对比描写，显现了庵堂幽深绝世的风貌，含蕴着超凡脱俗的韵味。

作者是当时的达官显宦，过惯了锦衣玉食的生活，但对世俗的尘嚣，也感腻味，发现城内竟有这"无人"、"有月"的古寺，真像进入世外桃源。联语表达了他向往隐居生活的心情。还有清末大学士江峰青也曾在陶然亭留下佳作，他写道：

果然城市有山林，除却故乡无此好；
难得酒杯浇块垒，酿成危局待谁支。

此联看似随意写来但却是匠心独运，诚属陶然亭对联中之佳作。上联快人快语，概述了陶然亭幽深的园林特色，点明其在都市中的脱俗之处。

"果然"两字，语气十分肯定，说明此亭久负盛名，名副其实。作者为安徽婺源人，故乡即指此。

下联写人，也即作者在亭中的活动。把酒赏景，本为悦心惬意之美事，但作者却在用酒浇愁。

"块垒"，喻胸中郁结不平之气。"难得"，说明作者公务之繁

冗。结句表面写酒后的醉态，其实一语双关，寓意明显。

"危局"，酒醉不能自持之貌，故要人扶持。"支"，犹扶持。此联也表现了作者想报效国家、有所作为的一片苦心。

另外，清末文学家秋瑾在前往日本留学前，曾在陶然亭与家人话别。

1902年，秋瑾之夫王廷钧赴京就任户部主事，秋瑾随夫而行。王廷钧的近邻为户部郎中廉泉宅。廉泉宅思想维新，在京开设文明书局，并与日人合办东文学社，颇有影响。

廉泉宅妻吴芝瑛系桐城派文学大家吴汝纶侄女，工诗文，善书法。秋瑾与吴芝瑛一见如故，结为义姐妹。秋瑾在吴家阅读了许多新学书刊，吴芝瑛还引荐秋瑾参加"上层妇女谈话会"，使性格伉爽若须眉的秋瑾眼界大开，胆识俱增。

后来，吴又积极赞助秋瑾前往日本留学。离国之日，吴芝瑛邀约众女友在陶然亭为秋瑾钱行。席间，吴芝瑛挥毫作联，写道：

驹隙光阴，聚无一载；
风流云散，天各一方。

这幅联不但表现出了众人的离愁别绪，也给陶然亭增添了一抹淡淡的忧伤，使得这个干古名亭更加具有韵味了。

知识点滴

在陶然亭公园中，还有一个辽代经幢，名为"故慈智大德佛顶尊胜大悲陀罗尼幢"。

辽代经幢建于1099年,位于陶然亭公园慈悲庵内文昌阁前。是为了纪念慈智和尚而建的，幢身上刻的是慈智和尚的生平事迹。慈智和尚姓魏名震，在辽道宗耶律宏基年间进宫讲过法，并赐予"紫衣慈智"的称号。

1964年，当代著名历史学家郭沫若来到陶然亭时说："辽幢很有历史价值，它是测定金中都城址位置的重要坐标，同时还是北京历史上的一处重要水准点。"

长沙爱晚亭

　　爱晚亭位于湖南省岳麓山下清风峡中，始建于1792年，因清风峡遍植古枫而取名"红叶亭"。后来根据杜牧的《山行》，改名为"爱晚亭"。

　　爱晚亭与醉翁亭、西湖湖心亭、陶然亭并称"中国四大名亭"。亭形为重檐八柱，琉璃碧瓦，亭角飞翘，自远处观之似凌空欲飞状。内为丹漆圆柱，外檐四石柱为花岗岩，亭中彩绘藻井。

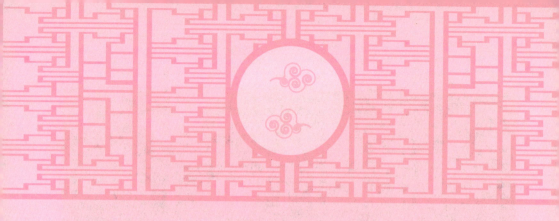

饱含深意的爱晚亭

在湖南省有个岳麓山。岳麓山荟萃了湘楚文化的精华，名胜古迹众多，集儒释道为一体，而且植物资源丰富。在这个美丽的岳麓山有一个始建于宋代的书院，名为岳麓书院。岳麓书院内保存大量的碑匾

文物，是一处具有深刻的湖湘文化内涵的书院。

1792年，岳麓书院山长罗典在岳麓后清风峡的小山上建造了一座亭子。亭子八柱重檐，顶部覆盖绿色琉璃瓦，攒尖宝顶，亭角飞翘，自远处观之似凌空欲飞状。内柱为红色木柱，外部的四石柱为花岗石方柱，天花彩绘藻井。

过去，清风峡遍布古枫，每到深秋，满峡火红，故将亭子取名为"红叶亭"，也称"爱枫亭"。

后由湖广总督毕沅，根据唐代诗人杜牧《山行》中"远上寒山石径斜，白云生处有人家。停车坐爱枫林晚，霜叶红于二月花"的诗句，改名"爱晚亭"。

但是，在民间关于爱晚亭的由来，还有另外一个传说呢！

亭子建成后不久，江南年轻才子袁枚曾专程来岳麓书院拜访山长罗典，但罗典这时已经名满天下了，根本不屑于见这样的后起之秀，袁枚知道了，倒也不生气，也不言语，转身就上了山。

袁枚到了清风峡，只见这里三面环山，枫叶红的像火，中间开阔处有座亭子，石柱子，琉璃瓦，飞檐高挑。亭子的匾额上写着"红叶亭"三个大字，柱子上刻了一副对联：

山径晚红舒，五百天桃新种得；
峡云深翠滴，一双驯鹤待笼来。

袁枚看了对联，不住点头，望望匾额，好像想说什么，又没说出口来。他离开了清枫峡，参拜了麓山寺，观赏了白鹤泉，登上了云麓宫，才兴尽下山。

在岳麓山上，袁才子诗兴大发，见一景就题一诗，唯独到了这红叶亭，他只抄录了杜牧的《山行》诗，把后两句抄成了"停车坐枫林，霜叶红于二月花"，故意漏了"爱、晚"两字。

罗典听说后，也跟着上了山，一路上，他见袁枚的诗，才华横溢，不禁赞不绝口。

到了红叶亭，一见这两句，罗典一下子全明白了，心想：这首诗独独漏了"爱晚"两字，这是在变着法儿说我不爱护晚辈呀。罗典顿时心生惭愧，就把这亭子改作了"爱晚亭"。

从此以后，罗典再也不傲慢了。每有文人上山，不管自己喜欢不喜欢，熟悉不熟悉，总是客客气气地接进书院，热情相待。

不过传说归传说，据史料考究，真正给爱晚亭改名的是当时的湖广总督毕沅。

毕沅那时正任湖广总督，常到岳麓山爱晚亭一带游览，毕沅与罗典有多年的交谊，后来毕沅在一次游览岳麓山的时候将亭子改名为

"爱晚亭"。

在罗典的《次石琢堂学使留题书院诗韵两首即以送别》诗后有一条自注:"山中红叶甚盛,山麓有亭,毕秋帆制军名曰'爱晚'纪以诗。"

这个自注也充分说明了,毕沅才是真正给亭子改名的人。爱晚亭具有浓厚的悲秋情怀,也正是因为如此,才借着杜牧的《山行》这首诗取名"爱晚亭"。杜牧的《山行》诗写道:

远上寒山石径斜,

白云生处有人家。

停车坐爱枫林晚,

霜叶红于二月花。

关于"霜叶红于二月花"一句,清代诗人俞陛云《诗境浅说续编》写道：

> 诗人之咏及红叶者多矣，如"林间暖酒烧红叶"，"红树青山好放船"等句，尤脍炙诗坛，播诸图画。
>
> 惟杜牧诗专赏其色之艳，谓胜于春花。当风劲霜严之际，独绚秋光，红黄绀紫，诸色咸备，笼山络野，春花无此大观，宜司勋特赏于艳李秾桃外也。

悲秋是我国文学史上的一个传统主题，红叶簇拥下的爱晚亭也有悲秋之美，所以此亭取《山行》命名"爱晚亭"正是合适，更加衬托爱晚亭秋季的美景。

杜牧写这首诗时正在南方当官，诗中的山正是今天的岳麓山，因为"停车坐爱枫林晚"这句诗，才有了今天岳麓山上的爱晚亭。

知识点滴

据说原爱晚亭上罗典撰写的对联是："忽讶艳红输，五百天桃新种得；好将丛翠点，一双驯鹤待笼来。"而这个对联在1911年，经岳麓书院学监程颂万改成："山径晚红舒，五百天桃新种得；峡云深翠滴，一双驯鹤待笼来。"

当时，岳麓书院山长罗典的学识才情和资历名望，其实并不是很高。所以，程氏毅然改之。改后的对联更加贴切了。

诗词流芳为亭添光彩

就建筑而言，爱晚亭在我国亭台建筑中，影响也非常深远，堪称亭台之中的经典建筑。对于爱晚亭，可以用一个字来形容它，就是"古"。爱晚亭既有古形，又具古意，兼擅古趣。

爱晚亭是一座典型的我国古典园林式亭子，它按重檐四披攒尖顶建造，重檐即两套顶，这使整个亭子显得十分有气势和稳重。四披即采用四条斜边，向中心凝聚成一点而形成的顶棚结构就叫作"攒尖顶了"。

攒尖顶使得整个亭子有一种向心的凝聚力，这种凝聚力也是我国古代传统文化中重"中庸"、重"立身"、重"大一统"等儒家思想的体现，也是我国传统文化的表现形式。

从外面看来，爱晚亭整体稳重却不显笨重，这是为什么呢？原来我们的古人，在建造爱晚亭的时候，想到了一个十分巧妙的构思。

沿四条脊往檐角看去，可以发现檐角向上飞翘的，像一只展翅欲飞的鸟，使得亭子有了一种轻巧活泼、飘逸的感觉。

再加上爱晚亭的丹柱、碧瓦、白玉护栏和彩绘藻井，无一不显示出这座百年名亭的古朴之美。

爱晚亭三面环山，东向开阔，有平地纵横10余丈，亭子立于中央。紫翠菁葱，流泉不断。亭前有池塘，桃柳成行。四周皆枫林，深秋时红叶满山。

再来谈谈它的古意。我国古建筑都很注重风水，也就是譬究阴阳五行，这在爱晚亭上也有体现。

爱晚亭背靠岳麓山主峰碧虚峰，左右各有一条山脊蜿蜒而下，前

则遥望滔滔湘水。这种地势正符合我国古代传统的四相布局，即左青龙，右白虎，后玄武，前朱雀。

而且这儿三面环山，林木茂盛，属木。小溪盘绕，半庙方塘，属水。亭子坐西面东，尽得朝晖，属火。亭子高踞土丘之上，奇石横陈，属土。

"金木水火土"五行中只缺"金"了，于是亭子涂以丹漆，便五行齐备，大吉大利了。

另外，爱晚亭还是一座饱经磨

难的亭子。过去，爱晚亭这儿满目疮痍，罗典建筑爱晚亭的时候是花大气力进行了修整的，他疏浚水道，移花栽木，才使爱晚亭焕发出勃勃生机。

后来，爱晚亭又屡毁屡修，屡修屡毁，直至新中国成立后，才得到全面的修复。爱晚亭现已成为古城长沙的标志性建筑。

在古代众多的亭中，有的因前人借"亭"抒情，留下名篇，有的更因诗得名成为名胜，至今仍被人传诵。而爱晚亭不但是建筑上璀璨夺目的矶珠，而且历代骚人雅士题写在亭柱上的楹联也是一朵玲珑别致的艺术之花，给人增趣，给人解颐，同时也为这些亭锦上添花。

爱晚亭有许多的名联佳对，结构精美，韵味深远，其雅致、完美的语言，其奇巧、谐趣的构思，其动情、惊人的魅力，其丰富、深远的意境，让人赏读之后口齿含香，如痴如醉。

亭前的石柱上有这样一副对联：

山径晚红舒，五百夭桃新种得；
峡云深翠滴，一双驯鹤待笼来。

这副妙联是清代宣统时期湖南程颂万任岳麓书院学监，将原山长罗典所题的爱晚亭对联改成这样的。从字面上来看，上联描写了山径向晚，新桃成林，桃花盛开，红艳的山花与晚霞相互辉映。

下联写的是亭侧为青枫峡，枫林红遍，不远处为白鹤泉，故有驯鹤待笼。

后来，罗典的门生欧阳厚均当山长，又题了一副对联：

红雨径中，记侍扶鸠会此地；
白云深处，欲招驯鹤待何年。

正是因为这些诗文，爱晚亭的名声渐渐大了起来，吸引了无数文人骚客来爱晚亭游览，并且写下了很多美妙的诗句。清代学者欧阳厚基的七律《岳麓爱晚亭》就非常有名，写道：

一亭幽绝费平章，峡口清风赠晚凉。
前度桃花斗红紫，今来枫叶染丹黄。
饶将春色输秋色，迎过朝阳送夕阳。

此地四时可乘兴，待谁招鹤共翱翔？

诗中"一亭幽绝费平章"，开篇即点明题目并领起全篇。"一亭"照应题目中之"爱晚亭"，"幽绝"为爱晚亭及其周围的景色定位，恰到好处，一字不移，"平章"者，即品评也，虽然对绝佳的风物不易评说，但全诗却都是作者诗化的评论品赏。

据明代《岳麓志》记载："当溽暑时，清风徐至，人多憩休。"爱晚亭在清风峡口，"峡口清风赠晚凉"切地切景，而拟人化的"赠"字生动新鲜。

"前度桃花斗红紫，今来枫叶染丹黄"，颔联两句分写春之桃花秋之枫叶，"红紫"与"丹黄"两个表颜色的词分别缀于句尾，色彩鲜明炫人眼目。

爱晚亭前的池塘边有桃树数株，诗人以"斗"来形容春来时盛开的桃花。

红枫如火，唐代诗人刘禹锡早就说过"自古逢秋悲寂寥，我言

秋日胜春朝"了，杜牧也早就说过"霜叶红于二月花"。

而此诗的颈联的创造性，在于歌咏秋光之美时，上下两句分而赏则是珠圆玉润的"句中对"，即"春色"对"秋色"，"朝阳"对"夕阳"，合而咏之则是唱叹有情的"流水对"，而在额、颈两联中，"斗、染、输、送"四个动词在同一位置的运用，也可见诗心之妙。

欧阳厚基为权沅州府学教谕，终桂东县学教谕，毕生"传道授业解惑"，不以功名或诗名鸣世，但是他的文采却非常出众，爱晚亭也因他写的这首诗而更加有名了。

从爱晚亭后右侧，穿过枫林桥，有一座供游人憩息的小亭，亭中央放置一张立方体石桌，上有"二南诗刻"，即宋代张木式写的《青枫峡诗》和清代钱澧写的《九日岳麓山诗》。

1952年，湖南大学拨专款重修爱晚亭。

当时的湖南大学校长李达还专门函请毛泽东题写亭名，毛泽东欣然提笔写下"爱晚亭"三个字，制作为爱晚亭亭楄上的红底镏金的"爱晚亭"匾额。

亭内悬挂的《沁园春·长沙》诗词匾，也是毛泽东手迹，笔走龙蛇，更使古亭流光溢彩。

越秀镇海楼

古时，在我国有四座镇海楼，分别是：越秀山镇海楼、香港镇海楼、福州镇海楼和宁波镇海楼。

其中，要属广州的越秀山镇海楼最为出名，该楼始建于1380年，是古代广州的标志性建筑之一。

广州越秀山镇海楼坐落在越秀山小蟠龙冈上，绿琉璃瓦覆盖，饰有石湾彩釉鳌鱼花脊，朱墙绿瓦，巍峨壮观，被誉为"岭南第一胜览"。

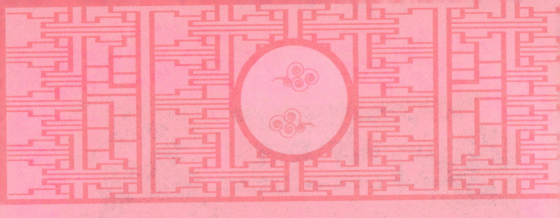

明代洪武年间始建镇海楼

　　传说，朱亮祖原是一介武夫，归顺吴王朱元璋后屡立战功，曾经领兵一举攻下广州城，是辅助朱元璋开国的有功之臣。因此，明太祖朱元璋在得天下后，就封他去广州做了镇守南疆的"永嘉侯"。

朱亮祖很信风水，心想当今皇上小时候只是个放牛的，而后来却做成了天子，一定是他家的风水很好。于是，他就经常带着风水先生在广州四处寻找风水宝地。

有一天，朱亮祖就去了越秀山。当时的越秀山，林壑幽深，古木参天。只见小蟠龙冈一带环山面水，气势雄伟，又听风水先生的一通吹嘘，他便决定把自己的府第建在那儿。

当晚，朱亮祖高兴得多喝了两杯酒，发觉自己正站在新府第前眺望大海，南面就是宽阔的珠江，古时粤人称为"珠海"。

突然，只见海中飞出一条青龙来。张牙舞爪，尾卷残云，鼻孔喷出的水柱直冲苍昊，紧接着便是晴天霹雳，电闪雷鸣。这情景把朱亮祖吓了一大跳。

朱亮祖正想转头入屋，却见白云缭绕的越秀山上冲出一条赤龙来，鼻嘴喷火，那火柱比青龙喷出的水柱还要高。也是张牙舞爪，扑

向青龙。双方立即展开了一场恶斗，只见巨浪冲天而起，火海铺天盖地，最后青龙力气不支，逃回海底去了。

朱亮祖夫人推门进来后，他猛然惊醒，才知是南柯一梦。回味梦中情景，不知主何凶吉，忙叫幕僚进来占梦，结果不得要领。

他的那帮谋士，有的说越秀山上出赤龙，主羊城要出能人了，大吉；有的说两龙相斗，主天下祸乱，大凶；还有的说，二龙相争，火胜水败，主天下大旱，有灾害。众说纷纭，朱亮祖也不知听谁的好。

没两天，这事就传了出去，广州老百姓听了，随即全城人心惶惶。这下子，朱亮祖也惊慌起来，急忙修本，星夜派人进京启奏洪武皇帝，请皇上定夺。朱元璋看了奏章，也心中不安，就传著名谋士刘伯温进殿一决疑难。

刘伯温问明情况，明白这不过是永嘉侯日有所思夜有所梦而已，而且这梦要怎么断都行，心想当前还是安定民心要紧，便对朱元璋说：这是个吉兆，赤色火龙乃皇上圣明；青色妖龙乃海上盗贼，因为当时海盗猖獗，海疆不宁，盗贼潜逃，主大明天下兴旺强盛，固若金汤。可令永嘉侯建一四方塔楼镇住海妖，便可保大明江山永固了。

朱元璋听说是吉兆，也很高兴，但静下心来一想，这越秀山上飞出龙来，打赢的还是条喷火的赤龙，这总叫人不放心：莫非那里有"龙穴"不成？做皇帝的，谁不担心天下又生条龙出来？于是下令朱亮祖在观音山上风水最好的地方修一座塔楼，目的就是要封住"龙穴"。朱亮祖不敢有违圣旨，就在自己打算建府第的地方建了这座塔楼。

据说，镇守广州的永嘉侯朱亮祖接到朱元璋谕旨时，正把宋代的东、西、中三城合而为一。因此，他在1380年趁势开拓广州北城约2600米，将城墙跨到了越秀山上。

这一次，他在越秀山小蟠龙冈上、北城垣最高处建起了一座砖石砌筑的"楼成塔状，塔似楼形"的五层高楼，楼呈绛红色，有"辟邪镇王"之意，同时从楼的位置及高度而言，可起到壮广州城之势的作用。据《大明一统志》在《广东布政司·广州府》中所载"望海楼"条目全文记：

望海楼，在府城上

北，本朝洪武初建，复檐五层，高八丈余。

在那时，珠江水面非常宽阔。其北岸大概是西起后来的蓬莱街，中经和平路、一德路、泰康路，东至东华路一线；河南江岸大约推进至堑口一带，江面宽阔达600余米，大概为后来珠江水面宽度的三倍以上。

当时，粤人称珠江为"珠海"，再加上空气晴朗，可视度大，登楼就得以清楚地看到"珠海"，因而该塔楼命名为"望海楼"。但百姓多因望海楼高五层，而又俗称其为"五层楼"。

由于望海楼建于广州城最高的地方，它周围的六榕寺花塔、怀圣寺光塔的海拔高度都不及它，所以它一直是古时广州城最高的建筑物，所谓"楼冠全城"。从此，望海楼就成了人们登临览胜、遥赏珠海白云景色的好去处。

在明代成化年间，两广军务提督韩雍曾对望海楼重加修治，但后

来全楼竟被火焚毁了。

　　1545年，两广军务提督蔡经与侍郎张岳又重建了望海楼，因当时倭寇不断侵扰我国东南沿海边陲，海疆不靖，需强化海防，于是张岳为之题名"镇海楼"，含"雄镇海疆"之意。这是望海楼始建以来的第一次重建。经此次重建后，据张岳的《镇海楼记碑》记载：

　　　　规制如旧，而宏伟壮丽视旧有加。楼前为亭曰仰高，左右两端跨衢为华表，左曰驾鳌，右曰飞蜃，旧所无也。

　　由此可见，镇海楼相对于先前的望海楼而言，不仅在楼前增建了仰高亭，在楼的左右两侧则增建了"驾鳌"和"飞蜃"两座华表，使整个镇海楼都更加宏伟壮丽了。明代诗人陈子升曾留下名篇《忆秦娥·望江楼》：

　　　　望江楼，遥峰极目悬清秋。悬清秋，青牛关上，白马潮头，风前吹笛悲啾啾，试将檀板调新讴。调新讴，百家村外，九曲江流。

1637年，广东布政司姜一洪再次重新修缮了镇海楼。镇海楼楼前对峙一对高达2米的红砂岩石狮，全楼高25米，呈长方形，阔31米，深16米，共五层。

下面两层围墙用红砂岩条石砌造，三层以上为砖墙，外墙逐层收减，有复檐五层，绿琉璃瓦覆盖，饰有石湾彩釉鳌鱼花脊，朱墙绿瓦，巍峨壮观。

知识点滴

传说，有一天，明太祖朱元璋和铁冠道人同游南京钟山，游兴正浓之时，铁冠忽然指着东南方对朱元璋说："广东海面笼罩着青苍苍的一股"王气"，似有"天子"要出世了，必须立刻在广州建造一座楼镇压住"龙脉"，否则日后必成大明的祸患。"

朱元璋听后，游兴顿失，急忙派人去广东查询，果然发现广州的越秀山上现王者之气。于是，他就立即下诏，命镇守广州的永嘉侯朱亮祖在山上建一座楼将王气镇住。

圣旨下来，朱亮祖很快就在越秀山上造了一座塔楼，起名"望海楼"。相传永嘉侯建造此楼后，镇守粤中的封疆大吏中再没有心怀异志的乱臣贼子。

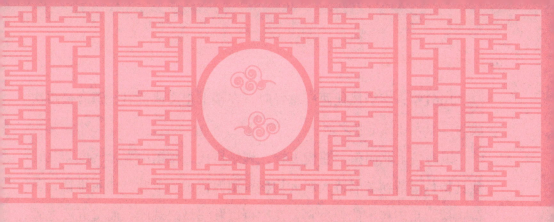

清代对镇海楼多次重修重建

　　清代初年，清军攻陷广州，镇海楼因遭战火而损坏。1651年，平南王尚可喜在原楼基础上对镇海楼进行了始建后的第三次大修。因镇海楼靠近平南王王宫，所以禁止广州人登临，并驻军越秀山，设官守卫，楼上放鸽，楼前驯鹿。

1661年，李栖凤任两广总督时，在楼上祀文武帝君，镇海楼再次成为广州人登临览胜之地。

镇海楼坐北向南，翘檐飞脊，巍峨挺拔，雄镇山巅，气度非凡，独具特色。清初著名诗人屈大均盛赞镇海楼山海形胜、玮丽雄特，虽黄鹤楼、岳阳楼不能超过它，实"可以壮三城之观瞻，而奠五岭之堂奥"。镇海楼气宇非凡，清代时曾以"镇海层楼"被列为"羊城八景"之一。

诗人政客每登临其上，皆感慨万端，有关镇海楼的名人诗作甚是丰富，教人叹为观止，主要有咏迹怀古、抒怀咏志两个题材。其中，以清代初期的著名诗人、广东佛山人陈恭尹的《九日登镇海楼》影响最广：

> 清尊须醉曲栏前，飞阁临秋一浩然。
> 五岭北来峰在地，九州南尽水浮天。

1683年，由于"三藩之乱"，镇海楼再次被毁坏。两年后，由两广总督吴兴祚及广东巡抚李士祯重建此建构。在康熙年间，当时的著名学者沈元沧曾登临镇海楼眺海，并赋诗《登镇海楼》：

> 凌虚白尺倚危楼，似入仙台足胜游。
> 半壁玉山依栏崎，一泓珠水抱城流。
> 沙洲漠漠波涛静，瓦屋鳞鳞烟火稠。
> 黄云紫气消皆尽，还凭生聚壮炎州。

后来，镇海楼曾再度重修，重修工程仍然按照明代旧基垒筑。在镇海楼两旁仍然有长约170米的明代古城墙。重建后的镇海楼高28米，歇山顶，复檐五层，红墙绿瓦，雄伟壮观。

首层面阔31米、深15.77米，山墙厚3.9米，后墙厚3.4米；每层向上有收分，面阔及墙厚尺寸均有递减，第五层面阔为26.4米、深13.67米，山墙厚1.65米，后墙厚1.3米。楼前碑廊有历代碑刻，右侧陈列有12门古炮。

清末爱国将领丁汝昌在登镇海楼后，曾赋诗感叹道：

如此江山，对碧海青天，万里烟云归咫尺；
莫辞樽酒，值蕉黄荔紫，一楼风雨话平生。

镇海楼形状奇特"楼成塔状，塔似楼形"。在这种形式简练、细节繁琐的传统建筑形象中，对称是其最突出的形态，其中蕴含着自然美的形象象征以及对大自然的有机模仿。

从风水角度看，这种奇特形状寓意深刻：越秀山为白云山的余脉，是"生气融结"所在，建楼者认为压住此脉便压住了南方霸气。

在色彩搭配上，镇海楼的红墙绿瓦和谐统一，也显得非常气派。红黄色调的搭配是我国古建筑一贯的风格，只是到了明代，规定除皇家城门楼可用黄色琉璃瓦外，地方城门楼只能用绿色。

因此镇海楼外墙就用了红色，屋顶用的是绿色琉璃瓦，红墙绿瓦是对比色，红墙不反光，绿瓦反光，这样显得既对立又统一。

镇海楼的西面建有碑廊，陈列着历代碑刻24方。在林林总总的碑刻中，值得一提的是"贪泉"碑刻，上面刻有晋代广州刺史吴隐之的《贪泉诗》：

古人云此水，一歃杯千金。

试使夷齐饮，终当不易心。

据传，他之所以写此诗，有一个发人深省的故事：东晋时期，广州由于地处南海之滨，比较富庶，而当地官吏贪污成风。有所谓"经城一过，便得三千两"之说。

广州北石门，是中原往来广州必经之地。石门有一泉水，名为"贪泉"。据说，到广州上任的官员一旦喝了贪泉水就会变为贪官。

后来，吴隐之做了广州刺史。当他到广州赴任经石门，听说贪泉水会改变人原来廉洁之性的传说后，他特地酌泉水饮并写了《贪泉诗》。

吴隐之以诗铭志,在广州为官期间,果然清廉自持,留下一个清官形象。后人因而在贪泉建碑,以警示贪官污吏。此碑原竖于石门,后来才移到此处。

在碑廊旁边,有一批古炮,是明清时期广州城防大炮,其中四门由佛山所造。当年,清代爱国将领林则徐到广州禁烟,为加强广州城的防务,命佛山炮工铸造一批大炮,这些土炮便是当年所铸的。

大铁炮原安放在越秀山炮台,曾在广州人民抗击外国侵略者的斗争中发挥了重要作用。

其中,部分铁炮和炮台一同遭遇侵略者的严重破坏,炮身两侧的炮耳被打断,点火的炮眼用铁钉钉死,使大炮失去了作用。

在镇海楼顶层正面,高悬着"镇海楼"金色巨匾,两边有一副木刻的楹联:

万千劫危楼尚存,问谁摘斗摩星,目空今古;
五百年故侯安在,使我倚栏看剑,泪洒英雄。

　　楹联是清光绪年间，以兵部尚书衔赴粤筹办海防的彭玉麟授意其幕僚李棣华所作。联中的"故侯"即镇海楼建筑者朱亮祖，而今楼存人故，可证历史沧桑。"目空今古"和"泪洒英雄"则是有感而发。当年彭玉麟因中法战争率军入粤，驻节镇海楼上。他反对李鸿章议和不成，也只有"泪洒英雄"了。

　　李棣华深知上司胸怀和遭遇，故由咏楼而意境磅礴，是闻名海内外的名联。镇海楼下，物换星移，人世全非。只有这绛红的古楼，经历无数劫难，多少风霜寒暑，兵荒马乱，碧瓦朱墙依然如故，它仿佛以历史长者的身份，不知疲倦地向人们诉说着逝去的岁月。

　　登上镇海楼，极目江天万里，只见山上绿树婆娑，十里翠屏，姹紫嫣红，景色秀美，珠江两岸彩虹飞架，琼楼玉宇鳞次栉比，珠水如带。蓝天、白云、红花和绿树，构成了一幅幅无比秀丽的广州图画，令人豁然开朗，心旷神怡。

知识点滴

　　在清代，镇海楼不仅一直是广州最高、最具气势和最富民族特色的建筑物，它还一度成为海上航行的"航标"，远远地看见镇海楼，航行的人就知道广州城不远了。

　　古时，广州有句民谚，"不登镇海楼，不算到广州。"作为数百年来广州最有名的地标性建筑，昔日的镇海楼上可观万顷碧波，浩瀚接天的壮观景象。

　　后来，由于珠江较明朝初年至少南移了400多米，站在镇海楼上登高眺远，则更多只是见到越秀山的郁郁葱葱了。

福州镇海楼

福州镇海楼位于屏山之巅，为我国九大名楼之一。1371年始建，原是作为各城门楼的样楼，后更名为镇海楼，清人又称越王楼，是福州古城的最高楼，为城正北的标志，并作为海船昏夜入城的标志，"样楼观海"曾是福州西湖外八景之一。

镇海楼历经600余年沧桑，屡建屡毁。后经重建，楼体由基座层、台基层及二层楼阁组成，总高为31.3米，其中台基高10米；基座层内设地下宫，台基层、楼阁一层作为展厅，二层作为观景主厅。

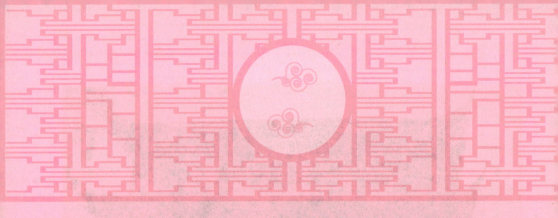

明代为防御倭寇建镇海楼

　　古时，屏山、乌山和于山合称福州三山，是福州的标志和代称。屏山因山峰形状像一座大屏风而得名，也因曾有越王在山麓建过都城，又名"越王山"。宋代诗人陈轩曾写诗赞美三山美景说：

　　　　城里三山古越都，楼台相望跨蓬壶。

　　　　有时细雨微烟罩，便是天然水墨图。

　　明代初期，福州经常发生海患。为了防御倭寇的入侵，也为了福州城的发展，明太祖朱元璋决定加强福州城墙的防御工事。为了重建被元代统治者推倒的旧城，1371年朱元璋派出他的女婿驸马都尉、行省参政王恭到福州，负责砌筑石城"福州府城"。

　　福州府城北面跨屏山，南绕于山和乌山。城墙东、西、南三面依宋代的外城遗址修复。王恭深知城墙在战争防御中的重要性，因此他将福州城墙北段从屏山下扩建到了屏山之上。

　　同时，王恭将乌山、于山、白塔和乌塔全部揽入了福州城内，使屏山半座在城里半座在城外，从而给无险可守的福州城在城北设置了一道人造天险，可以居高临下视城北。

　　王恭在修建城墙之后，又开始修建福州的七座城门。为了修好这七个城门楼，王恭先在屏山之巅建造了一座谯楼，名"屏山楼"，既作为福州北门的城楼，也作为后来七座城门楼的样楼，后改名"样楼"，屏山也因此改名为"样楼山"。

　　在修建"样楼"之初，王恭参考了福州威武军门以及国内当时比较先进的一批城门楼，借鉴各地城楼的优点修建了这个样楼。

　　之后，随着样楼建成，福州东西南北的井楼门、水部门等七座门便依照样楼修筑完成。样楼渐渐被文人和老百姓当作了一座风水楼。

　　从此，福州的三山之上，各有标高之志。屏山有样楼，乌山有乌塔，于山有白塔，从而形成了"三山两塔一座楼"的格局。屏山样楼北倚北峰，南有五虎山为案，东衬鼓山，西托旗山。左前于山相扶，右前乌山呼应。乌龙、白龙双江如玉带环腰。

样楼是飞檐翘角、重檐歇山顶的双层城楼，高约20米，进深约22米，面宽约41米，占地面积约1000平方米，建筑面积约2000平方米。

明代时，样楼是当时福州最高的建筑物，成为福州城正北的标志。据说，当年登样楼可以远眺闽江口乃至东海，而远处的高山则似泥丸低矮。于是，海船夜航进闽江口，都以样楼为航标。

突出于城市天际轮廓线的样楼，从建成之日起，便成为进出闽江口航船的重要标志。每当五虎门潮水上涨，大船进出江口均以样楼为"准望"，即航行标志物，即使夜幕初降或且雾气笼罩，航海者均参照航标，找到进港的方向。

据说，王恭擅长吟诗作画，由于其名气的影响及镇海楼本身的标高优势，镇海楼从一落成起，就一直是福州文人雅士的聚集地。"登斯楼发幽古之思情"，"无诸城北样楼开，万井烟花拂槛回"。

"粤王山拥海潮流，山上嵯峨镇海楼"，是较早的一首登镇海楼的诗句。明代闽中十才子之一的陈亮，写下《冶山怀古》诗：

东西屹立两浮屠，百里台江似帝纡。
八郡河山闽故国，双门楼阁宋行都。

自从风俗归文化，几见封疆入版图。

唯有越王城上月，年年流影照西湖。

明代的建筑以木构为主，城市建筑除了两塔之外，大多是紧贴着地面扩展，而城北居中的山巅上建起的样楼，只要登上楼层最高处，立即就会对海路交通有一种掌控感，所以，洋楼此后也渐渐地就有了"镇海楼"的美名。

那时候，木构的福州城火患不绝。于是，在镇海楼前右侧的山坡地上，就设置了一些用六根小石柱围起来的石缸，共七组，按北斗七星方位排列，称"七星缸"。

每口缸上圆下尖，呈陀螺状，缸口直径50厘米，缸深70多厘米，由花岗岩凿成，底部是一个莲花座，斗勺盛水，意在伏火灾，喻示福

州城平安吉祥。据说缸里的雨水全干的话，福州就会闹旱灾，所以平时缸里的雨水都是满的。

另传说，王恭是个风水先生，他实际上是为福州城建造了一座风水楼。

闽越人的蛇文化在汉化之后，一方面继续了闽文化对蛇的崇拜，另一方面又用中原汉人的眼光看待蛇，要让它长角变成龙，让它腾飞。

当时，建造白塔、乌塔的民间

传说就充分表达了这一思想，而在民间被称为"龙舌"的苔泉之上的"龙首"山头建造镇海楼，就如同以桂冠为福州之龙加冕。

1373年，福州中卫指挥李惠"加建"镇海楼。据明代正德年间的《福州府志》卷四"地理志·城池"记载：

府城……国朝洪武四年，驸马都尉王恭修砌以石。六年，福州中卫指挥李惠加建楼橹……北据越王山巅，有样楼与谯楼……

1446年，镇海楼因火灾被毁，但很快在成化年间得到重建。据明代万历年间的《福州府志》卷七十二"杂事志·古迹"记载：

屏山楼，在屏山之巅。正统十一年火。复重建，今圮。

1483年，镇海楼第一次被台风刮倒，该楼自始建至这次被毁，存在了大约100年。据明代正德年间的《福州府志》卷四"地理志·城池"记载：

门有七……门之上，外楼二层，中楼三层，高、广与样楼齐……成化间，尝为大风所坏，镇、巡重臣佥议，修复如旧。正德初，又经重修。

正德初年，镇海楼重建。1613年时又再次不幸毁于飓风，这次重建在万历末年。明代学者王应山在他的《闽都记》卷八说：

国初筑城，创样楼山巅上，祀玄武，今更名镇海。

玄武，就是道教的真武大帝，它原是龟，为水神，北方之神，在镇海楼上奉祀玄武，其寓意就是为福州镇邪招福。王应山之子王毓德在《九日登镇海楼》诗中说：

诗社仍开九日楼，松声寒泻白云秋。

由此诗可知，明代万历以后，镇海楼已经发展成为了当时的诗社之所，是福州文人雅士的云集之地。但不幸的是20多年后，镇海楼于1641年因飓风第四次被毁。据清初海外散人《榕城纪闻》记载他亲身经历：

崇祯十四年，春，大旱。七月初一日，飓风大作，自初更至五更乃止。荡坏民居屋宇无数，样楼及南门城楼、贡院、巡抚辕门、万岁塔尾等皆圮。

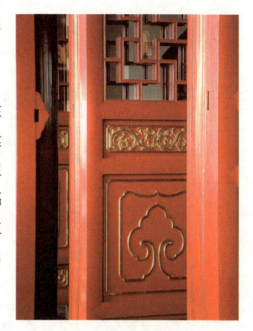

这一次镇海楼重建，大约在崇祯末年。在明代，镇海楼自建以来，数次被毁，数次重建。但明代历史上的镇海楼始终都是福州古城的标志性建筑，为江南三大镇海楼之一，也是我国古代名楼之一。

在明朝，福州人看作神圣而宏大的"宝物"镇海楼出现在屏山之上。这"宝物"传说是当时百姓，祈求福州城不受台风侵蚀、暴风施威而永享太平以宗教形式向天地敬献的。

据说，福州自从有了镇海楼这一"宝物"之后，福州城的确少了台风等自然灾害的侵袭。大自然在人们强烈意识的作用下巧合了人们的善良愿望。冥冥之中得到"应验"，让许多人不禁感叹："福州，乃有福之州"。

知识点滴

清代以后镇海楼屡毁屡建

　　明清以后，镇海楼成为"太平盛世"的象征，所以屡毁屡建。在1659年7月镇海楼又一次被台风吹倒了。《榕城纪闻》记载：

　　　　顺治十六年七月三十日，大风起，自辰至未，坏样楼、鳌峰亭，开元寺大殿、铁佛殿、尊经堂、石坊并七门城楼，其余衙门、公署、民居无不飘荡。其风比辛巳年更大，所在倒折更多。

在康熙年间镇海楼进行了三次重建。据雍正年间的《福建通志》记载：

康熙初重建，复毁。后总督姚启圣、郭世隆相继兴建。

1678年至1684年间，姚启圣任福建总督。后来，又有六位继任者。接着，1695年至1703年郭世隆任总督。其中，有两次重建的镇海楼存在的时间较短，只有20年左右。而总督郭世隆重建的镇海楼，存在时间较长，约有50年，但后来不幸于1760年秋毁于雷火。

关于这次被毁，乾隆年间的《福州府志补》记载较详细：

乾隆二十五年八月十五日向夕，山上霹雳一声，楼四面火出如灯，绿色，人皆以为雷火，乃属人意。按：自国初以来，毁已数次。

论者采形家言，谓："山尖而锐者为火星，圆而秀者为文星。越王山其形尖锐似火，作屋不宜复用棱角。屋脊作卷棚以培之，庶可无患。"或亦有见。

1785年，雷火再度焚毁了镇海楼。经"官匠建立"的镇海楼再度于1792年又一次被雷火焚毁了。当时，为镇海楼大兴土木的主要是官方倡建并与民间共集资。镇海楼仍为上下两层，以明代制式重建，虽经多次毁建，但其基本尺寸变化不太大。

乾隆年间，曾有人给镇海楼"算过命"，说越王山山形尖锐属火星之相，建筑物不宜再用棱角屋脊，应改作卷棚式圆形，就可以防火了，但镇海楼并未因此免于火。

后来，在镇海楼前的山坡地上，还曾设置过一些用六根小石柱围起来的石缸，共七组，人称"七星缸"，从"风水"角度上说，它象征着北斗七星按天象排列组合，也是为了防止火灾的。

过了68年，在1860年镇海楼又被雷火焚毁了。过了三个月，镇海楼就再次重建起来了。这次重建，因资金紧缺，其宽度缩减了1米。据光绪年间的《晦讷斋文集》记载说：

咸丰间改造，规制卑陋，不及四十稔，倾圮随之。

果然，不到40年，镇海楼于1892年再次坍塌。这一年，闽浙将军希元、总督谭钟麟和官绅都捐钱，整整用了一年时间重建镇海楼。其尺寸与旧制误差不超过一尺。竣工后，由福州学者谢章铤撰《重建镇海楼碑记》，由清末翰林院庶吉士陈宝琛挥毫题写碑文。

据说，在清代末年时，登上镇海楼仍可以看见大海。清末福州田园诗人魏杰《越王楼远眺》诗道：

> 欲穷千里目，独上越王楼。
> 双塔排城市，三山镇福州。
> 人从台际望，海入眼中收。
> 地杰钟王气，雄风自昔留。

因此，后来的福州西湖新增八景之一就有"样楼望海"一景。它与当年的福州的"龙舌品泉"等景一起被载入《新修西湖志》。

后来，光绪年间重建的镇海楼曾失于大火。之后，重修的镇海楼基本保持了明代的制式，城楼外观为重檐歇山顶加腰檐，城门式高台二层楼阁。施以斗拱，屋面使用陶制筒瓦和板瓦，檐口饰有瓦当、滴水，适当增加一些配套工程。

为了凸显该楼，重建时特地抬高了一层约11米左右的架空台基，使它更宏伟、壮观。主体采用钢筋混凝土结构，台

基采用城墙砖、首层台基地面采用金砖铺设，栏杆使用汉白玉雕作，所有露明梁柱外饰木质材料，小木作均采用实木。

重建后的镇海楼楼高、进深、面宽均严格按古建筑的尺寸和规制建设。楼高22.3米，台基高10米，由基座层、台基层，基座层内设地下宫。面阔43.5米，进深24.5米。门窗及牛拱等均为实木，吊顶为平暗式，并与梁架之间施以弯枋、一斗三升，为典型的福州传统建筑式样。

在镇海楼门前七星缸附近，有一座外面插着四簇雕花小石柱的三层圆台，其中心镶嵌阴阳鱼，即太极图，共60甲柱，代表时间的周期。在此设60甲柱，寓意福州百姓的福祉周而复始，无穷无尽。

此外，镇海楼前还建有登山的青石道，道路中间有三组各九层台阶，海浪翻滚，蟠龙出海，堪比皇家"御路"规格。

镇海楼一楼大厅中央，设有金丝楠木梅花雕屏，上面题有"清客肯来榻还下我"的词句。陪侍这扇屏风的，是七八十厘米高、一剖为二的巴西紫水晶洞。

在大厅西侧，供养在镇海楼建筑模型右侧的，是热心人费尽心力从海南弄来的"佛教七宝"之砗磲、珊瑚。水晶、砗磲、珊瑚，都是辟邪之物，有了它们，庇佑福州城的镇海楼，更加法力无边了。

大厅东侧书案正中竖屏是光绪三年（1877年）一甲一名进士王仁堪的手迹。此人当官当得很出色，授修撰，入值上书房，出为镇江知府，殉职于苏州知府任上，官声颇佳。

二楼正面飞檐斗拱的中心悬挂着巨大的"镇海楼"三字横匾，背面相对应位置以同样大小的横匾上书"厚德载物"四字。

楼内布置有各色红木家具、古董及珊瑚等，还有著名爱国将领林则徐所撰对联：

海纳百川有容乃大；
壁立千仞无欲则刚。

　　整座镇海楼雄踞于福州古城中轴线端点的屏山之巅，仍然是俯瞰福州城及福州三山及西湖周边景色的登高眺望点。其建筑重檐飞角，冲霄凌汉，在一定程度上又恢复了三山二塔之间的格局。

　　传说，镇海楼建造之初的目的，除了防御之外，更是为了明代海上航行安全，而作为福州入港船的定位标。在当时，明代建筑以木构为主，福州城内除了乌塔、白塔外，大多是紧贴地面扩展。而屏山顶的样楼向东极目远眺，可以看见闽江。

　　郑和下西洋后，福建作为海上丝绸之路的起源地之一，随即成为海上贸易的重要传播地。当时到福州的海外船只，在开至鼓山脚下时，都可以看见镇海楼，因此其从建成之日起，便成为进出闽江口航船的重要标志。每当五虎门潮水上涨，大船进出江口均以镇海楼为"准望"，即航行标志物。